U0886209

保障中国粮食安全背景下的“一带一路”共赢草贸易模式探究

齐智鑫 著

气象出版社
China Meteorological Press

内容简介

本书从我国粮食安全的实际情况出发，研究我国草产品交易模式的发展变化过程，结合现阶段农业保障因素及国际农产品通用交易手段，提出将“保险＋期货”模式应用于草产品交易的构想。借鉴美、日等国农业海外投资经验，提出一种供求双方参与度高、互信共赢的“供应链金融＋保险＋期货”交易模式设想。这种交易模式利用期货工具、保险工具及供应链金融工具规避供求双方的风险；通过国际贸易通用的期货工具形成草产品国内外行情，进而促进现货生产，有利于草牧业实体经济发展；为我国农业企业“走出去”提供更多模式选择，可为人民币国际化实践增加“阵地”。本书可供相关领域工作人员以及相关专业研究人员阅读参考。

图书在版编目（CIP）数据

保障中国粮食安全背景下的“一带一路”共赢草贸易模式探究 / 齐智鑫著. -- 北京 : 气象出版社, 2024. 12. -- ISBN 978-7-5029-8399-4

Ⅰ. F752.652.5

中国国家版本馆 CIP 数据核字第 2024C91A94 号

保障中国粮食安全背景下的“一带一路”共赢草贸易模式探究

Baozhang Zhongguo Liangshi Anquan Beijingxia de Yidaiyilu Gongying Caomaoyi Moshi Tanjiu

出版发行：气象出版社

地　　址：北京市海淀区中关村南大街 46 号　　邮政编码：100081

电　　话：010-68407112（总编室）　010-68408042（发行部）

网　　址：http://www.qxcbs.com　　E-mail：qxcbs@cma.gov.cn

责任编辑：张锐锐　翟伊然　　终　　审：张　斌

责任校对：张硕杰　　责任技编：赵相宁

封面设计：楠竹文化

印　　刷：北京中石油彩色印刷有限责任公司

开　　本：787 mm×1092 mm　1/16　　印　　张：5.5

字　　数：144 千字

版　　次：2024 年 12 月第 1 版　　印　　次：2024 年 12 月第 1 次印刷

定　　价：68.00 元

本书如存在文字不清、漏印以及缺页、倒页、脱页等，请与本社发行部联系调换。

前　　言

“粮改饲”是中国农业结构调整的一项重要政策，旨在优化农业生产结构，提高农业综合效益和竞争力。这一政策鼓励农民将部分种植粮食作物的耕地改为种植饲料作物，以满足畜牧业发展的需求，促进农业与畜牧业的协调发展。“粮改饲”转型后，通过调整种植结构，土地资源得到更合理的利用，从而提高单位面积的产出和经济效益；增加饲料作物的供应，支持畜牧业的规模化、集约化发展，提高畜产品的质量和产量；通过种植饲料作物，农民可以获得更高的经济收益，同时通过参与畜牧业，拓宽收入来源；合理调整种植结构，有助于减少化肥和农药的使用，减轻农业对环境的压力，促进农业可持续发展。我国实行“粮改饲”后取得了有目共睹的成绩，推动了草产业供给侧改革，但牧草严重依赖进口的现状并未发生实质性的变化。2018年中美贸易摩擦后，我国牧草供求关系更加紧张。与此同时，我国粮食安全还担负着巨大的肉类需求压力。保障中国粮食安全的难度上升到了一个新的高度。因此在深化原有生产、加工环节供给侧改革的同时，还应该积极探索流通环节的供给侧改革。

本书从我国粮食安全的实际情况出发，研究我国草产品交易模式的发展变化过程，结合现阶段农业保障因素及国际农产品通用交易手段，提出将“保险＋期货”模式应用于草产品交易的构想。借鉴美、日等国农业海外投资经验，提出一种供求双方参与度高、互信共赢的“供应链金融＋保险＋期货”交易模式设想。首先，这种交易模式利用期货工具、保险工具及供应链金融工具规避供求双方的风险；其次，该交易模式通过国际贸易通用的期货工具形成草产品国内外行情，进而促进现货生产，有利于草牧业实体经济发展；再次，该交易模式为我国农业企业“走出去”提供更多模式选择，可为人民币国际化实践增加“阵地”。

本书通过介绍大宗农产品的交易手段，引申到大宗草产品的交易手段，尝试利用农产品交易的成熟经验解决草产品交易的问题。通过研究美国农业保障和我国农业保障的特点，找出一种既符合世界贸易组织（World Trade Organization，WTO）农业补贴要求，又可以保障农民收入的助农措施；从美国农产品交易模式与我国农产品交易模式的比较中总结美国的优势，提炼可供借鉴的长处，找出我国农产品交易的不足并总结经验；通过分析美国牧草的交易形式和生产、加工、流通方式，为未来中国草产业发展探究新的交易模式；通过总结我国农产品流通的历史经验和不足，寻找优化解决的思路；通过介绍美国谷仓电梯交易模式，展现谷物交易中电梯交易模式在农民与期货市场间发挥的纽带作用，为解决我国农民与期货市场对接困难问题提供思路；通过归纳世界主要需草国的国际布局，为中国草牧业企业“走出去”积累经验；通过概括现阶段人民群众肉类需求特点，分析我国粮食安全的症结所在，提出保障我国粮食安全的建议；回顾国内外农业收入保险的研究进展，结合我国2014年至今发展“保险＋期货”模式取得的成绩和遇到的问题，构想大宗牧草“保险＋期货”交易模式，并提出“供应链金融＋保险＋期货”交易模式的设想；通过期货品种筛选和牧草期货可行性研究，发现我国苜蓿具备期货上市条件。结合国家现阶段“一带一路”倡议的合作情况，最终提出建立以人民币为结算货币的全球草产品生产、加工、储运及交易中心的构想。

随着农业供给侧改革不断深入和“一带一路”的全面开展，国际化的交易模式有助于草牧业协同效率提高，合作共赢的草贸易也必然在中国特色粮食安全保障体系中扮演更加重要的角色。

本书在博士论文的基础上形成，在此感谢母校和导师的培养。同时本书在成书过程中也得到工作单位和内蒙古自治区教育厅“加强我国北方重要生态安全屏障建设研究专项课题”的大力支持，在此一并感谢。

齐智鑫

2024 年 9 月

目 录

第一章 绪 论

2008年，消费者对乳制品的安全性产生了极大的关注，牧场和饲料生产商也意识到提高饲料安全性的重要性。因此，他们开始减少使用那些潜在风险较高的饲料成分，如“秸秆＋添加剂”的配方，从而转向更为安全和自然的粗饲料，如牧草。随着对牧草需求的激增，中国逐渐成了大型的牧草进口国。这不仅改变了国内饲料结构，也推动了中国与其他国家在农业贸易上的联系。为了满足不断增长的牧草需求，中国不得不依赖于进口，这对国内的生产模式和农业政策提出了新的挑战和机遇。

虽然自2008年开始，中国的草产业也开始快速发展，但是由于种子供应、土地规模、种植技术、机械化规模、种植规模、种植成本、加工技术、交易模式、仓储条件、运输成本、产品标准等诸多因素的限制，导致我国草产业发展严重滞后于市场需求。近年来，国家加大草牧业投入，通过“粮改饲”等种植结构调整政策支持牧草产业发展，解决了草产业生产、加工、物流、仓储的大部分问题，但国内草产品交易模式依然停留在2008年订单农业时期的发展水平。目前，我国草产品交易过程中仍存在诸多问题，潜规则较多、交易不透明、价格不公开、中间环节多、无法形成有影响力的市场等情况制约了行业发展。

2014年国务院副总理汪洋首次提出“草牧业”的概念。草牧业的内涵包括草产业、草食畜牧业和草原生态保护(李维薇 等，2017)。草牧业作为一种新型的农业发展模式，强调了草产业、草食畜牧业与生态保护的结合，旨在提升整体产业链的质量与效益。然而，尽管在生产和加工环节取得了一定的成就，中国的牧草进口依赖度仍较高，尤其对美国牧草的依赖，反映出国内草牧业在自主供应能力和国际市场竞争力方面存在不足。要应对当前的挑战，首先需要加大对牧草种植技术的研发和推广力度，提高本土牧草的生产效率和品质，使其在市场上具有竞争力。其次，应当重视草牧业的流通环节，从而提高牧草的流通效率，促进牧草的市场化运作。同时，鼓励草牧业企业参与国际贸易，通过拓展进口来源和开发多元化的国内市场来增强抵御风险的能力。此外，草原生态保护与草牧业发展应协调并进。合理的草原管理与利用不仅能够提升牧草的产量和质量，还能维护生态环境，有助于实现可持续发展的目标。这需要政府、科研机构和企业三方共同努力，形成合力，推动草牧业的全面升级与转型。本书将牧草流通供给侧调整作为研究重点。

连续数年的中央一号文件鼓励有实力的中国农业企业“走出去”开展农业海外投资，一方面可以去除国内多余的产能，另一方面可以通过对外农业投资切实保护中国粮食安全，增强中国农业世界话语权。从中国农业企业“走出去”的经验和教训中总结出，草产业企业“走出去”仅仅依赖订单农业的模式是行不通的。总结发达国家农业海外投资的历史经验，中国草牧业企业应该探索更多新型且国际化的贸易模式。目前国际贸易通用的交易方式包括经销、代理、寄售、招投标、拍卖、对销贸易、加工贸易、商品期货交易等。哪种方式更适合国际草贸易并无成熟的案例，但可从国内外其他农业领域的经验总结中获得启发。本书选题受到了国际四大粮商(美国ADM、美国邦吉、美国嘉吉、法国路易达孚)将日常运营与期货市场紧密结合有效规避运营风险的这种做法启发，提出适合中国的草贸易模式的构想。

1.1 研究背景

2007—2008年全球次贷危机后，全球出现过两次大型的粮食危机。导致危机的原因有很多，金融危机、粮商抬价、生物燃料耗粮等众多因素都与粮食危机有关。各国尽其所能解决本国粮食安全问题，也更加重视粮食安全问题。随着各国人民生活水平的提高，食物中肉类的比例逐渐上升，粮食安全的问题慢慢转化成了饲料安全的问题。我国肉类消费以猪肉为主，猪肉的生产过程要耗费大量的粮食并带来环境压力。这种情况下，草食家畜的保障作用逐渐凸显，饲草保障安全较以往更受重视。但国内草贸易无法形成市场和过分依赖美国、澳大利亚进口牧草的现状并没有根本性的转变。为改善我国草贸易现状和尽快摆脱对进口饲草的过度依赖，本书结合现阶段我国“一带一路”合作，对未来草贸易形式进行初步探究。

1.2 研究目标和意义

1.2.1 研究目标

(1)探寻一种适合中国国情、切实保障中国粮食安全、促进现货市场繁荣、可服务草牧业实体经济、适合中国“一带一路”国际合作的国际化牧草交易模式。

(2)总结美国牧草出口优势，借鉴我国大型农业企业“走出去”的经验，提出共赢草贸易中心的建设思路。

1.2.2 研究意义

(1)国内意义。形成一个供求双方积极参与、可服务现货市场及实体经济、风险可控的草产品“保险＋期货”交易模式，最终形成符合WTO要求的草产业“黄箱”转“绿箱”补贴模式，进而促进国内草牧业健康发展，保障我国粮食安全。

(2)国际意义。通过草产品“供应链金融＋保险＋期货”的交易模式，更积极地参与国际草贸易，通过“一带一路”合作形成保障我国粮食安全的共赢草贸易中心。

1.2.3 研究方法

本书主要运用以下研究方法进行研究：

(1)逻辑分析法。本书遵循提出问题、分析问题、解决问题的基本思路。首先对大宗商品、大宗商品交易模式、大宗农产品、大宗草产品的流通概况进行总结研究，对比美国、日本、海湾阿拉伯国家合作委员会(简称“海合会”)成员国家和组织的经验以及我国农产品、草产品交易形式，结合我国粮食安全迫切需求、我国粮食安全实质问题及近年来我国“保险＋期货”实践的成功经验，提出“保险＋期货”模式在草牧业应用的前景，然后进一步分析“供应链金融＋保险＋期货”模式的可行性、特殊性和该模式的运作原理，最后结合实际情况提出建设国际化的草产品交易模式的构想。

(2)比较分析法。本书通过对比分析传统农产品和草产品的交易模式、全球最大草产品供应国美国的农产品和草产品交易模式、农产品“保险＋期货”模式中的成功经验和问题、中美农业保障政策及农业保险情况，进而分析“保险＋期货”模式优缺点以及该模式是否可用于现阶段我国的草贸易。

(3)案例分析法。本书结合“保险＋期货”模式试点的案例进行分析，对提出的运作原理进行验证并从实际事例中总结发展情况，提出存在的问题。应用因子分析法对牧草产品期货可行性实证研究，解答期货交易在草贸易应用前景的问题。

本书采用的方法，一是结合历史发展情况，利用多专业、跨学科的大量成果进行分析和评估，总结经验，提出问题；二是对国内外不同国家地区、不同交易类型、不同产品、不同保障政策、不同模式进行比较，借鉴总结先进经验，指导研究。

1.2.4 研究数据来源

(1)联合国商品贸易统计数据库(UN Comtrade)。

(2)麻省理工学院 OEC 系统。

(3)国际贸易中心国际贸易统计数据。

(4)美国农业部(简称“USDA”)及下属机构数据及报告。

(5)大连商品交易所(简称“大商所”)、郑州商品交易所(简称“郑商所”)交易数据及相应期货标准。

(6)2014—2019 年中央一号文件。

(7)2014 年美国农业法案及 2018 年美国农业法案。

(8)美国国家干草协会官网、美国牧草出口委员会及美国大型牧草出口企业官网、海合会及日本企业官网。

(9)经济合作与发展组织和联合国粮农组织农业展望数据。

(10)麦肯锡公司报告。

(11)中国证监会数据。

(12)英国皇家国际事务研究所的资源交易数据库(Resource Trade)。

(13)中国牧草产业经济。

(14)中国草业统计数据。

(15)中国牧草统计资料数据。

(16)调查走访数据。

1.2.5 技术路线

技术路线见图 1.1。

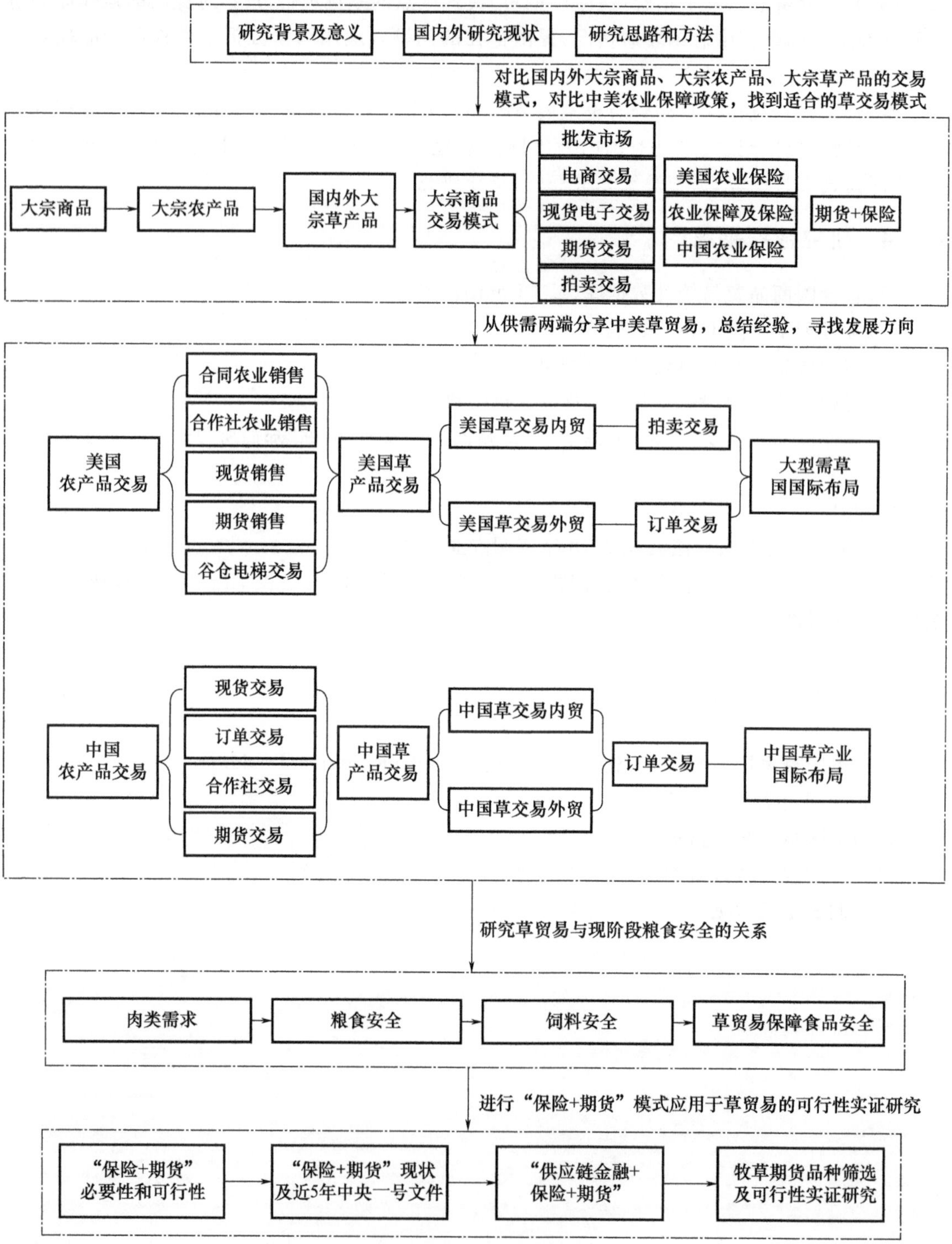

图 1.1 技术路线示意图

1.2.6　主要研究内容

(1)第一章讨论了研究的背景、目的、意义和研究方法等。

(2)第二章总结基础理论及基础研究进展。

(3)第三章研究美国农产品及草产品积累的经验和交易方式，并分析各主要需草国的粮食安全布局。

(4)第四章研究我国农产品和草产品的历史发展情况、交易方式及我国草产业国际布局。

(5)第五章研究肉类需求、粮食安全与饲草贸易的关系。

(6)第六章总结“保险＋期货”模式的由来、可行性及优缺点，提出“保险＋期货”模式应用于草产品交易的设想，并最终提出草产品“供应链金融＋保险＋期货”交易模式。

(7)第七章从中国农业企业“走出去”和“一带一路”合作两个方面研究中国粮食安全布局，进而引申出共赢草贸易中心建设构想。

(8)第八章提出结论和建议，列举不足之处。

第二章　大宗商品、农产品及草产品流通概述

2.1　大宗商品

大宗商品(Commodities)是指可进入流通领域，但非零售环节，具有商品属性并用于工农业生产与消费使用的大批量买卖的物质商品。在金融投资市场，大宗商品指同质化、可交易、被广泛作为工业基础原材料的商品，如原油、有色金属、钢铁、农产品、铁矿石、煤炭等。大宗商品包括 3 个类别，即能源商品、基础原材料和大宗农产品。大宗商品可以设计为期货、期权作为金融工具来交易，可以更好地实现期货工具价格发现及规避价格风险的功能。

2.1.1　我国大宗商品发展历史

根据李伯重在耦耕读书会上的分享，盐和铁器两种大宗商品在汉朝是有利可图的商品，庞大的需求产生了巨额的财富，随后，政府规定盐、铁两项商品的经营权收归国有，普通人不能从事这两项商品贸易；到了唐朝，茶叶取代铁成为了新的大宗商品，盐依然是国家管制商品，茶的味道、文化及保健功效让茶逐渐变成重要的大宗商品；到了宋代，除了盐和茶以外，粮食也加入了大宗商品的队伍，但当时的交通能力限制了粮食的流通半径，随着宋代水上运输的发展，大宗商品流通范围不断扩大；到了明清时期，大宗商品种类急剧增多，当时的大宗商品除盐、茶、粮食外，还增加了绸缎、布、木材、金属等。在历史不同时期，这些大宗商品中的典型代表也通过古代丝绸之路交易到世界各地。

根据何唐凝(2018)的总结，新中国成立后我国大宗商品交易市场发展经历了 6 个阶段：第一阶段(1953—1978 年)是基于计划经济的国家统购统销阶段，第二阶段(1978—1988 年)是基于双轨制的大宗市场建设阶段，第三阶段(1988—1993 年)是盲目发展阶段，第四阶段(1993—1999 年)是清理整顿期货阶段，第五阶段(1999—2011 年)是期货市场规范及现货市场快速发展阶段，第六阶段(2011 年至今)是期货创新及现货准期货整改阶段。

经济高速发展的中国成为世界大豆、铁矿石、原油等大宗战略商品的重要消费市场，由于我国对几种商品的需求量巨大且不受价格影响，并且存在短时间无替代产品、进口来源国分散世界各地、大型垄断组织控制定价权及我国金融市场对国际大宗商品交易市场干预度不足等问题，导致主要大宗商品的定价权不掌握在自己手中。

近年来，我国大宗商品交易逐渐找到了一条适合自己的发展道路。特有期货品种开发的模式发展较快，在国际市场上扮演着越来越重要的角色，成为“中国价格”输出的有力代表。产品包括：PTA(对苯二甲酸)期货、甲醇期货、煤焦钢矿期货、LLDPE(线性低密度聚乙烯)期货、PP(聚丙烯)期货、PVC(聚氯乙烯)期货和苹果期货等。

2018 年 3 月 26 日，我国原油期货在上海期货交易所子公司——上海国际能源交易中心挂牌交易。原油期货挂牌交易不仅仅是中国期货界的一项重大举措，同时也是进一步推动中

国金融改革开放的动力。首先，它有利于确定亚太地区原油基准价，增强亚太地区原油价格的国际影响力和话语权，增强上海国际金融中心的影响力；其次，以人民币计价和清算，有利于扩大人民币的国际化应用，化解与中国大量交易中的汇率风险，推动人民币国际化发展；再次，从以人民币计价和清算的原油期货运行交易中积累经验，未来还可以将该模式复制推广到其他大宗商品上。

2.1.2 国外大宗商品发展历史

世界大宗商品市场的发展历史可以追溯到17世纪，当时荷兰东印度公司开始从事商品转换业务，推动了全球大宗商品贸易的萌芽。从那时起，大宗商品交易逐渐成为全球经济的重要组成部分。

20世纪初，在工业化浪潮和两次世界大战的影响下，大宗商品市场经历了几轮显著的价格波动。例如，第一次世界大战前后、20世纪70年代至80年代初以及20世纪末至21世纪初，全球大宗商品价格均出现了大幅上涨。这些价格波动与全球经济周期密切相关，并且常常被视为经济走向的先行指标。

进入21世纪后，尤其是自2001年中国加入WTO以来，中国迅速崛起成为全球最大的大宗商品需求国之一，极大地推动了全球大宗商品市场的扩张。与此同时，大宗商品供应也变得更加多元化，国际贸易大幅增长，价格形成机制逐步向竞争性定价演变。

纵观国际大宗商品发展历程，定价权及话语权是各方争夺的核心。近年来国外大宗商品交易市场呈现出了显著的金融化特征。大宗商品交易场所开始出现并购浪潮。

历经百年的发展，国际大宗商品交易所积累了大量的交易经验及市场运行技巧，佣金早已经不是主要的盈利模式。通过本国合并及跨境收购等手段，各交易所不断壮大自己并形成了品牌效应。比较有影响力的并购案例包括芝加哥交易所集团并购和洲际交易所集团并购。芝加哥商品交易所集团包括：芝加哥期货交易所、纽约金属交易所、纽约商品交易所及芝加哥商品交易所；美国洲际交易所集团包括：伦敦国际石油交易所、纽约期货交易所、芝加哥气候交易所。目前，国际主要大宗商品的定价中心几乎全部确立。

由此，在全球视野的交易所并购浪潮中，国际大宗商品资源不断聚集整合，降低交易成本、推动行业竞争发展，形成具备协同效应和规模效应的大宗商品交易（邱吉福 等，2017）。

四大跨国粮商（美国ADM、美国邦吉、美国嘉吉、法国路易达孚）控制着国际大宗农产品的定价主动权。三大铁矿石国际矿业巨头（英国力拓、澳大利亚必和必拓以及巴西淡水河谷）控制着国际铁矿石定价权。美国芝加哥商品交易所集团旗下的纽约商业交易所和英国伦敦的洲际交易所掌握着国际原油期货的定价权。

2.1.3 我国商品草交易历史

日本学者加藤繁对我国唐代草市的研究，引发了中外学者的广泛关注（牟发松，1989）。加藤繁认为草市最初为牲口草料市场（秣市），多分布于城郊，是一种临时的交易场所（冯兵，2014）。这种交易形式最早可追溯到魏晋南北朝时期，在隋唐五代时期快速发展并促进经济繁荣，直到宋代草市发展达到顶峰，得到政府的支持，并在城市发展中起着重要的推进作用（冯兵，2014；周宝珠，1998）。由此可见，我国商品草交易历史悠久。

商品草具备大宗商品的特点，数量大、可交易、无法直接进入零售环节。据UN Comtrade

(联合国商品贸易统计数据库)的数据和麻省理工学院 OEC(经济复杂性观测站)工具的可视化分析系统的分析结果,1962—2017 年,中国一直是牧草出口国,主要出口市场在亚洲,包括日本、韩国、新加坡、马来西亚等。1992—2008 年,苜蓿草产品出口均大于进口,其中在 1993—2000 年,出口明显大于进口(杨春 等,2011)。2008 年后,牧草进口量迅速增加,自此我国商品草进口贸易格局形成。

改革开放后,草产品的交易主要集中在牧区及农牧交错区,规模较小,没有形成规模化市场。根据卢欣石在第五届(2018)中国草业大会上的报告总结,我国草产业发展经历了 4 个阶段:

(1)最初我国的草产品主要来自天然草原的牧草,连年的打草和放牧带来了生态问题。2000 年左右的沙尘暴事件将我国带入生态草业优先发展阶段。为了保护生态,国家实行退耕还林还草政策。

(2)天然牧草草产品数量降低,取而代之的是人工草地生产的牧草。伴随人们生活水平的提高,居民对乳制品的需求不断增加。各地纷纷组建乳业企业,1993 年伊利创立、1996 年光明成立、1999 年蒙牛创建、2005 年现代牧业组建。大型乳企规模化牧场的快速发展带动了我国商品草市场的发展。通过振兴奶业苜蓿发展行动计划引领我国草产业开始质量草业优先发展,一方面鼓励我国企业规模化生产高质量牧草,另一方面积极进口优质牧草,保障乳制品生产安全。从那时开始,我国大量进口美国苜蓿,中国乳企渐渐形成了对美国苜蓿的依赖。

(3)“粮改饲”政策开启了中国草地农业自主生产的新时代。国家和地方层面积极开展“粮改饲”试点,通过“粮改饲”政策的实施,保障中国粮食安全。

(4)2018 年中美贸易争端后,作为对美国加征中国输美产品关税的回应,中国加征产自美国的苜蓿草关税。加征美国苜蓿关税事件将开启中国草产品进口全球布局的新时代。

新的粮食安全背景下,“粮改饲”政策的指导作用必然促进我国草牧业快速发展。我国草牧业如何快速摆脱单一依赖美国进口牧草的局面,是现阶段保障粮食安全需要思考的问题。

2.1.4 国外大宗草产品交易

根据 UN Comtrade 的数据和麻省理工学院 OEC 工具提供的可视化分析结果显示,国外的大宗草产品交易,主要发生在产草国与需草国之间。世界形成了“牧草出口看北美,牧草进口看亚洲”的牧草供求局面。根据 2017 年世界牧草主要进出口国家及其交易量,主要草产品生产国为美国、澳大利亚、加拿大、西班牙、意大利、法国、荷兰、德国、阿根廷等。从更早的数据发现,中国、俄罗斯、匈牙利、保加利亚、巴基斯坦等国历史上也有较多的牧草出口量。近年来,苏丹、埃及和南非等非洲国家的牧草出口量也在不断地提升。从 1997—2017 年的数据来看,美国一直保持第一大牧草销售国地位,从 2000 年开始澳大利亚取代加拿大成为世界第二大牧草出口国。目前,美、澳两国是超大型牧草供应国,美国以苜蓿出口为主,澳大利亚以燕麦草出口为主。国际大型牧草需求国包括日本、中国、韩国、阿联酋、沙特阿拉伯、荷兰、德国、瑞士、法国、科威特、卡塔尔、美国等。亚洲是最大的牧草进口市场。日本、中国和韩国牧草进口途径相似,主要从美国、加拿大和澳大利亚进口牧草,有时也会购买欧洲国家的牧草或者周边国家的牧草。阿联酋和沙特阿拉伯相似,最初主要从美国购买牧草,近年来主要从西班牙、意大利、阿根廷、南非、苏丹和埃及购买牧草。

2.1.4.1　国际草贸易数据

美国是最大的牧草出口国。根据 UN Comtrade 的数据显示，从 2012 年开始，美国牧草年出口额一直保持在 13 亿美元左右的水平，牧草供应量接近全球供应量的一半。美国牧草的出口优势建立在牧草品质标准高、生产规模大、作业机械化及先进的牧草加工技术基础之上。

根据 ITC 的国际贸易统计数据，统计分析 2001—2018 年世界草产品进出口数据发现，在此期间与中国签署“一带一路”合作协议的 136 个国家中，有 101 个牧草出口国和 124 个牧草进口国；年平均出口额超过 10 万美元的国家有 47 个，年平均进口额超过 10 万美元的国家有 61 个；总出口额超过 1000 万美元的国家有 28 个，总进口额超过 1000 万美元的国家有 39 个；总出口额超过 1 亿美元的国家有 8 个，其中包括意大利、埃及、南非、智利、苏丹、阿曼、阿富汗及波兰，总进口额超过 1 亿美元的国家有 11 个，其中包括韩国、阿联酋、沙特阿拉伯、葡萄牙、奥地利、意大利、科威特、约旦、摩洛哥、阿曼及希腊。

2.1.4.2　国际草交易分级标准

根据汪武静等(2016)、石自忠等(2017;2018)和美国犹他州立大学 Lyle Holmgren 的研究总结，对比中美两国苜蓿生产、收获、加工及运输环节。美国牧草具备机械化程度高、生产效率高、生产规模大、加工技术成熟、流通成本低等特点。于是，美国农业部的苜蓿干草标准成为世界各国进口苜蓿的参照标准。我国目前没有国家级苜蓿干草标准，由中国畜牧业协会制定、2017 年 9 月发布的《苜蓿干草质量分级》也是在 USDA 标准基础上形成的。

除苜蓿干草标准外，USDA 也制定了草干草分级标准。但是，草干草的分级标准应用并没有像苜蓿干草标准那样严格执行。在美国，牧草交易前要进行分级标准中各项理化指标测定。但大量的出口草干草只是利用视觉评估和触摸等手段进行外观定级。

2.1.4.3　国际草交易现状

2018 年中美贸易摩擦升级后，美国稳定原有的日韩及海合会国家牧草市场、积极开拓中国非苜蓿干草市场和南亚新兴市场；澳大利亚、西班牙及加拿大等国在稳定对日韩及海合会国家牧草供应的同时大力发展中国牧草市场，在此期间澳大利亚燕麦草对中国出口量呈井喷式增长；中国在稳定与原有牧草出口国合作的基础上，积极开拓新的牧草合作市场。

2.2　大宗商品批发市场交易

批发市场(Wholesale Market)是指向再销售者、产业和事业用户销售商品和服务的商业市场。该场所供买卖双方经常性地、公开地、规范地进行产品批发交易，并且有信息、结算、运输等配套服务功能。

自从人类社会出现了以货币为媒介的商品交换以后，随着商品生产的发展，商品购销量逐渐增大，流通范围不断扩展，生产者和生产者之间、生产者和零售商之间常常难以进行直接的商品交换，直接进行买卖不如由中间商业来做媒介对他们更为有利，由此产生了专门向生产者直接购进商品，然后再转卖给其他生产者或零售商的批发商业。批发商业的产生，使商业部门内部有了批发、零售之间的分工，有了一种不与消费者产生直接关系的商业。

批发市场的批发交易方式是指在生产者与批发商之间、批发商与零售商之间进行的供转卖或生产加工之用的大宗商品买卖方式，具体方式有拍卖、协商买卖、组合优选交易、信托交易、预约交易等交易方式。拍卖和协商买卖是世界各国批发市场最常用的交易方式。

中国农产品流通始终存在两大难题，第一是农产品价格不稳定，经常出现价格暴涨暴跌问题，第二是农户生产性收入增加困难，农户收入得不到有效的保障。解决以上两个难点涉及到多个领域的多个问题，在此不一一列举，但与农业生产者最近的流通环节就是批发市场阶段，整个农产品链条上的第一个价格形成中心就在这里。

作为农业资源丰富、经济发达型国家，美国农产品流通体制是一种典型的市场经济体制。市场体系可以分为 3 种，即产地市场、车站批发市场及零售市场。农产品生产出来后，仅有极少的部分会通过农民市场或者露天市场的形式直接卖到消费者手里。其余的大部分农产品都会进入批发市场环节，再通过产地市场、车站批发市场直接或加工后进入到出口市场或者零售市场，最终到消费者手里。后来，由于农场生产规模和零售业单位规模的不断扩大，大型超市、连锁商店及仓储式超市的崛起，导致终端批发市场的衰落，慢慢形成了大农场对接大超市的北美批发市场模式。因此，农产品集散中心市场的转移是必然趋势。最终，芝加哥兴起的两大期货交易所，逐步成为美国农产品批发市场模式的代表。

我国农产品批发市场经历了 1978—1984 年的自发萌芽阶段，到 1985—1991 年的农产品流通的“双轨制”阶段，再到 1992—1995 年的“并轨”阶段，直至进入规范发展阶段（刘大集，2004）。我国农产品批发市场基本上形成了现货市场和期货市场并存的体系，现货市场形成了以国家级农产品批发市场为龙头、区域性农产品批发市场为骨干、地方专业性农产品批发市场为基础的全国农产品批发市场体系，这个体系为大宗农产品电子现货交易打下了良好的基础；在农产品期货方面，经过整顿和规范，全国最终保留了三家期货市场，分别是郑州商品交易所（简称“郑商所”）、大连商品交易所（简称“大商所”）、上海期货交易所（简称“上期所”）。农产品期货交易主要由郑州和大连两家商品交易所负责。

我国批发市场现状主要有以下几个特点：我国农产品链条第一价格是批发商或集货经纪人通过买断加价制形成；批发商是流通的主体，批发市场是农产品流通的主渠道，交易时间、场地及人员随意，交易潜规则较多；以现场、现货、现金的“三现”交易为主，极少使用拍卖方式交易，且交易价格不公开，无法形成商品参考价格；交易市场多按进门或场地占用收费，很难按交易额收费，管理部门获取不到真实的交易数据。

我国农产品流通的现状不仅导致农产品价格不稳定、农民收益低，还是制约大宗农产品电子交易发展的主要因素。

2.3 大宗商品电商交易

电子商务（Electronic Commerce），简称电商，是指在互联网、内部网和增值网上以电子交易方式进行交易活动和相关服务活动，是传统商业活动各环节的电子化、网络化。电子商务包括电子货币交换、供应链管理、电子交易市场、网络营销、在线事务处理、电子数据交换、存货管理和自动数据收集系统。

据艾瑞网 2018 年互联网流量年度报告显示，我国已成为全球最大的互联网市场之一，同时也是全球最大的互联网用户市场。虽然我国还是一个发展中国家，但在互联网领域的国际影响力接近欧美发达国家水平。根据中国互联网络信息中心第42次《中国互联网络发展状况统计报告》显示，截至2018年6月，中国互联网用户总数达8.02亿，网民数量位居全球首位，超过第二名印度和第三名美国的网民总和。根据"互联网女皇"玛丽·米克尔2018年《互联网趋势报告》显示，在全球互联网公司Top20中，中国几乎包揽半数，中国正在成为全球最大的互联网公司的中心。

电子商务按参与对象不同，分为企业对企业(B2B)、企业对个人(B2C)、个人对个人(C2C)及企业对政府(B2G)。本书研究的大宗商品属于B2B的电商交易领域。

企业间的交易分为两大类：第一类是商品交易，突出特点就是大宗交易；第二类是非实体商品交易，包括软件、物流、法务、金融服务等。大宗商品电商按商业模式划分为综合类平台和垂直类平台两种。综合类平台的典型代表是阿里巴巴、慧聪网、敦煌网等，综合类B2B电商平台既不拥有产品，也不是从事商品经营的商家，它只提供一个平台，采购双方可以在其网站上查到对方及商品的有关信息。垂直类平台的代表是找钢网、我的钢铁网、找塑网等，垂直模式B2B电商聚焦于某一具体的细分领域，与上游供应商形成供货关系，与下游采购商形成销货关系。

我国农产品电子商务体系包括网上农产品期货交易、网上农产品衍生品交易、大宗农产品电子交易、农产品网络零售交易、实体企业线上对线下(O2O)交易、农产品网上交易会等。自2014年以来，北京工商大学洪涛教授每年主持发布一个农产品电商发展报告。根据2018年的报告显示，2017年我国网络农产品期货交易中，大连、郑州、上海3个期货市场农产品期货交易达到9.53亿手，交易额达到45.53万亿元；网络期权交易方面，目前有豆粕和白糖两个期权交易品种，均采取网上撮合交易的方式，2017年交易512万手，交易额38.23亿元；网络大宗现货电子交易在整顿中得到发展，2017年我国各类大宗商品电子交易市场达到1969家，其中农产品电子交易市场585家，占29.7%，实物交收额超过10万亿元；全国农产品批发市场在转型、升级、外迁中发展，互联网趋势明显，批发市场网上交易快速增长；我国各类农产品网络零售模式十分活跃；农产品线上线下电商模式发展速度惊人，各大主流电商平台纷纷在生鲜农产品领域布局，阿里巴巴的盒马鲜生和京东的7Fresh快速发展。

美国所有的农场都接入互联网，农场根据USDA的在线数据进行农业生产，这是我国与美国农业信息化的巨大差距。美国的农产品期货市场与农产品电商的联系紧密，绝大多数的大宗农产品交易平台会与电子期货平台达成远期合约，并进行合约交易。这种期现协同的交易方式是美国大宗农产品电商的重要交易模式。另外，农产品电商国际贸易规模可观。随着全球电子商务B2B交易规模的增长，美国大型垄断性农业企业利用电子商务平台与全球市场进行大宗农产品贸易，最典型的代表就是国际四大粮商的电子商务交易转型。目前电子商务贸易已经成为国际农产品贸易的重要形式。

借鉴美国农产品电子商务交易的经验，我国政府也在积极扩大农村互联网覆盖范围、引导农产品期货现货交易互补以及建设支持农业生产的农业网络数据库。

2.4 大宗商品电子交易——现货交易

大宗商品电子交易市场，特指专业从事电子买卖交易套保的大宗类商品批发市场，又被称为现货市场。

现货交易是从传统的现货贸易中衍生而来的，通行的是"一手交钱一手交货"的交易方式，或者是采取以货易货的交易方式。现货交易的特点主要体现为"现",即按当日价格交易和当日交割实物。

从历史上看,贸易方式是不断发展的,最初是"一手交钱一手交货"的现货交易,后来以信用制度的建立为前提,出现了远期现货交易。1865 年,芝加哥期货交易所推出了玉米期货合约,自此之后,世界上多个国家相继推出了玉米期货,紧接着又在 1870 年开始了棉花期货交易。在美国目前的情况下,不存在学术界定义的期货市场和现货市场,实际的情况是:期货交易所形成的价格是现货流通的基准价,现货流通只是一个物流系统,因产地、质量有别,在交易现货时双方需要谈一个对期货价的升贴水,即交易价=期货价+升贴水。

我国现货市场现状主要有以下几个特点:准入门槛低,审批设立混乱,投资主体盈利目的明显;交易模式期货化,潜在交易风险极大;缺少政策支持、无法律约束,导致监管无效。

中国大宗商品现货交易在过去的几十年中得到快速发展,据行业媒体统计,截至 2018 年全国范围内注册的交易所数量曾经接近 2000 家。我国现货市场发展初期,交易多采用场外交易模式。该模式的优势是利用大资金集中在现货市场上预付采购款,解决了上游企业的短期资金压力,获得上游企业的价格优惠。同时,该模式有利于做大业务收入,提升市场影响力。但缺点也显而易见,由于采取点价交易,当原材料或者商品价格单边大幅下跌时,就会超出上游企业对潜在亏损的预期,故违背承诺、合同的信用违约情况时有发生。一旦上游企业信用违约,就会产生价格风险、合同违约风险、资金风险、仓储风险,最终可能导致现货市场套期保值整个业务面临损失。这种交易方式在机制上存在较多弊端,造成较多的风险和问题,故被叫停取缔。但该种方式中引进价格和提供流动性确是推动某种价格适用性和保证交易可以随时进行的合理机制,在期现结合的业务中,可以将这些合理成分利用起来以弥补期货价格在非交割期的适用性不足问题,同时,改善中小现货企业参与期货交割不便的困境。

为应对风险,国家要求现货交易市场改革,过程中出现了基于"点价+升贴水"的撮合模式。所谓点价,是指以某一固定时间的期货价格为计价基础,以期货价格加上或减去双方协商同意的升贴水来确定双方买卖现货商品价格的一种交易方式。"点价"方式要预先定下基差,期货价格由买方在未来一段时间内选择确定,这种期货价格加基差的定价方式,为现货企业提供了更多的选择,丰富了定价方式并降低了传统贸易定价风险(王姣,2015)。

2017 年 7 月,第五次全国金融工作会议在北京召开,会议明确全国金融工作的 3 项任务,包括服务经济实体、防控金融风险和深化金融改革,要求对现货市场进行更为严格的清理整顿,引导有实体背景能够服务实体经济的现货市场转型升级,坚决取缔单纯以盈利为目的现货交易市场。

2019 年 2 月 19 日,上海市人民政府印发《上海市交易场所管理暂行办法》(简称《办法》),自 2019 年 3 月 1 日起施行。该《办法》明确提出:"商品现货类交易场所应当立足现货,必须有产业背景和物流等配套措施。交易客户限定为行业内企业,不得诱导个人投资者参与投机交易,参与特许经营类产品交易的应取得相关经营资质。交易品种应当为能够进入流通领域、用于工农业生产或消费的可大批量交易的实物商品,不得擅自上线未经批准的交易品种。上线品种的交易价格应当基于买卖双方真实交易达成,反映现货市场价格,不得依据任何其他市场行情或价格指数组织交易,不得虚构或操纵价格行情,交易应当基本能够完成交割并用于生产经营。"

从建设意义上来说,大宗商品现货交易市场利用互联网电子商务进行金融创新,发挥短期价格发现、套期保值功能，这些功能作为期货行业重要组成部分，值得去探索和研究，但很多平台的交易模式本身并不具有价格发现和现货交收功能，也没有现货企业参与交易，对实体经济意义不大。大宗商品交易市场应该直接为实体经济服务，立足现货，提升现货，当务之急应解决的是如何帮助企业把货物卖出去，去库存、去产能，提高企业资金运用效率，降低企业成本，这才是现货平台该考虑的事情，也是今后大宗市场的发展方向，交易平台最终回归现货，回归实体。

综上所述，供给侧改革背景下，现货发展应该引起国家的高度重视，不仅要约束、整改、打击黑平台投机，更要引导鼓励发展现货市场服务实体经济。

2.5 期货交易

期货交易是交易双方约定于未来某一特定时间以约定价格买入或卖出一定数量商品的交易，是一种标准化的远期合约，是一种在未来的特定时间以预定价格买卖某种东西的法律协议。期货交易是人类贸易史发展的结果，从最早的物物交换到现货交易，再到远期交易，直到最终形成期货交易。期货作为一种交易方式或机制，随商业活动不断发展而产生。

为了促进商业活动发展，人类探索新的商品交易方式的进程一直没有中断过。最初人类商业交易方式为物物交换，真正意义上的现货交易始于货币成为商品支付手段之时。以货币为支付手段的现货交易，促进了商业快速发展，交易范围和交易规模也不断扩大。

最初，在文明古国出现了大规模商品交易场所，古罗马议会广场就是较早期的大宗商品交易中心。随后，这种集中交易场所在英、法等国得到规模化和专业化发展，并形成了新的交易方式——远期合同交易。1251 年英国允许外国商人参与英国季节性交易会，并要求提前为参与交易的在途货物签署文件，列明品种、数量、价格、预交保证金等内容，此后逐渐产生了提前签署买卖文件合同的交易行为。1571 年英国成立了世界第一家集中交易商品市场——伦敦皇家交易所，其后荷兰阿姆斯特丹也成立第一家谷物交易所。17 世纪在荷兰阿姆斯特丹还出现郁金香期权交易市场，18 世纪法国巴黎出现了商品交易所。在亚洲，具有期货性质的交易方式也曾出现过。17 世纪日本大阪成立大米交易所，出现过把用稻谷交换来的米券进行买卖的投机现象，当时的米券价值具有随稻谷价格起落而变化的功能，1730 年这种交易方式得到政府认可，被正式命名为“账面结算米”交易。

2.5.1 国外期货交易发展

1848 年，芝加哥期货交易所问世，标志着期货交易的诞生。期货交易的出现并不是偶然的，是在现货交易、远期交易发展的基础上发展形成。期货的产生离不开广大商品生产者、贸易商和加工商的商业实践。

19 世纪 30 年代至 40 年代，因毗邻美国中西部平原和密歇根湖的独特地理位置，芝加哥发展成为美国重要的粮食集散地。由于交通状况不佳、库容有限等原因，每年谷物大量上市时，商人无法大量采购，以至于谷物价格一跌再跌，而每到春季，谷物价格又因谷物短缺而飞涨。

为了解决价格大幅起落带来的经营风险问题，一些商人一方面在该地交通要道增设了仓库，扩大上市季节采购量，另一方面与粮食加工商、销售商签定第二年春季供货合同，这样通过联结产销，确定了利润。远期合同交易成为粮食商解决现实矛盾的重要方式。

为了使交易活动有效地展开，1848 年 82 位商人自发成立了一个商会组织——芝加哥期货交易所。交易所发展初期主要任务是提供一些运输、储存及价格信息方面的服务，以方便会员交易，到1851年才提供产品远期合同交易，也称远期合约(Forward Contract)。远期合约是买卖双方所签订的在未来指定的时间按照今日商定的价格购入或卖出资产的一种非标准化合约。远期合约属于场外交易合约，是现代期货的雏形。

在远期合同交易过程中遇上一些问题需要解决。具体的交易内容包括商品品质、等级、价格、数量、交货时间等，当双方情况或价格发生变化时，很难将合同转手其他人，而且能否执行合同要视对方信誉而定，确保执行合同的成本较大，执行风险较大，这些是当时存在的主要问题。为解决这些问题，1865年芝加哥期货交易所为交易产品推出标准化合约，并执行保证金制度，向签约双方收取不超过合约价10%的保证金，作为履约保证。1882年芝加哥期货交易所允许对冲解除履约。1883年出现结算协会为交易所会员提供对冲工具。1925年芝加哥期货交易所结算公司成立，所有交易通过结算公司结算。至此，期货交易完成了重要的制度创新，标志着现代意义上期货交易真正诞生。

2.5.2 国内期货交易发展

20世纪80年代的改革开放促进了我国期货市场的产生。经济转轨要求国家更多地依靠经济手段和市场这只“无形的手”来调节经济；80年代后期，一批学者提出了建立农产品期货市场的设想；1988年初，国务院作出重要指示，决定研究期货交易；1990年12月，中国郑州粮食批发市场经国务院批准，以现货交易为基础，引入期货交易机制，成为我国第一家商品期货市场；到1993年下半年，全国各类期货交易所达50余家，期货市场一度陷入了一种无序状态，政府有关部门随即在1993年底开始对期货市场进行清理整顿；到1998年，有关部门保留了上海、大连、郑州3家期货交易所。2006年9月8日，经国务院同意，中国证监会批准设立的中国金融期货交易所于上海挂牌成立。2018年3月26日，上海期货交易所子公司上海国际能源交易中心正式挂牌上市交易，自此我国拥有五家期货交易所。开展农产品期货业务的交易所，目前只有郑商所、大商所和上期所。三大交易所和芝加哥商品交易集团的交易商品及衍生品详见表2.1。

表2.1 期货交易所情况

交易所名称	期货商品	期权	非农业期货商品
大连商品交易所	玉米、玉米淀粉、黄大豆1号、黄大豆2号、豆粕、豆油、棕榈油、纤维板、胶合板、鸡蛋	豆粕、玉米	聚乙烯、聚氯乙烯、聚丙烯、焦炭、焦煤、铁矿石、乙二醇
郑州商品交易所	白糖、棉花、普麦、强麦、早籼稻、晚籼稻、粳稻、菜籽粕、油菜籽、菜籽油、棉纱、苹果	白糖、棉花	动力煤、对苯二甲酸、甲醇、玻璃、硅铁、锰硅
上海期货交易所	天然橡胶	铜、天胶	铜、铝、锌、铅、镍、锡、黄金、白银、螺纹钢、线材、热轧卷板、原油、燃料油、沥青、20号胶、纸浆
芝加哥商品交易集团	玉米、大豆、软麦、硬麦、豆油、豆粕、活牛、瘦肉猪等(其中谷物和油料籽14种、牲畜3种、乳制品6种、木料1种、软商品2种、生物燃料10种)	玉米、大豆、软麦、硬麦、豆油、豆粕、活牛、瘦肉猪	能源、股指、利率、外汇、房产、金属、天气等

注：资料来自交易所官网数据总结。

2.5.3　期货市场的功能

在期货市场上，现货的价格低于期货的价格，则基差为负数，远期期货的价格高于近期期货的价格，这种情况叫"期货升水"，也称"现货贴水"，远期期货价格超出近期期货价格的部分，称为"期货升水率"(Contango)；如果远期期货的价格低于近期期货的价格，现货的价格高于期货的价格，则基差为正数，这种情况称为"期货贴水"，或称"现货升水"，远期期货价格低于近期期货价格的部分，称"期货贴水率"(Backwardation)。

套期保值也称为"对冲"(Hedging)，是投资者规避风险的有效手段。套期保值理论是指在期货账户建立与现货数量相等、方向相反的头寸，以对冲市场价格波动带来的风险。由于期货与现货价格走势基本相同，期货价格能够预测和调节现货市场价格，因此，利用期货对现货进行套期保值是最常用的风险规避手段。

19 世纪末马歇尔隐约地提到了期货市场价格形成的问题，但明确而系统的研究是凯恩斯从 20 世纪 30 年代开始的。凯恩斯首先提出持有成本理论，后由希克斯完善，凯恩斯认为期货价格是现货价格与持有成本的总和。沃金在 1949 年提出了著名的仓储价格理论，该理论认为"对一般农产品而言，现货市场价格和期货市场价格之间是相互制约的，基差基本上受制于边际持仓成本，在邻近交割期时，两个市场价格将趋于一致，即基差趋于零"。因此，期货市场具有价格发现作用。均衡价格理论有个前提假设，即期货市场不存在信息不对称的情况，而且在连续、公开的交易中，期货价格将趋于均衡价格，也就是假设期货市场是完全竞争的市场。由于均衡价格形成的原因存在差异，均衡价格理论分为预期价格理论和供求价格理论。预期价格理论认为商品期货价格之所以在均衡价格附近变动，是因为期货市场参与者都是根据期货及现货市场中的市场信息来对未来的期货合约价格趋势作出预测，并且不断调整自身的行为，最终使得期货市场价格趋于均衡价格。而供求价格理论认为期货市场参与者对未来价格的预期决定了期货的价格。供求价格理论模型在对价格波动特征的模拟方面比马歇尔的模型更优。

期货市场在稳定农民收入、对冲市场风险方面发挥着重要作用。期货价格指导农业生产是美国农业的另一大特点，价格发现和套期保值等期货功能充分发挥作用。一方面，生产者和农产品需求方都能提前锁定自己理想的价格，获得较高的回报；另一方面，商业保险和美国农业部提供的各种农业保险还为农业生产提供了再保障的功能。期货、期权等衍生工具同时发挥着积极的作用。

2.6　农业保险及农业保障

农业保险是提高农业生产者风险承受力、保证农业生产可持续发展、防范农业风险、助力现代农业发展及保障国家粮食安全的重要工具，也是我国加入 WTO 后，农业保障"黄箱"转"绿箱"操作的重要手段。

2.6.1　美国农业保险

美国联邦政府农业保障政策通过美国农业部(USDA)的相应机构实施：农业市场服务局(Agricultural Marketing Service，AMS)主要负责农产品市场的高效运转及信息传递等工作，美国国内的市场调控是这个部门的工作重点；农场服务署(Farm Service Agency，FSA)负责为农场提供管理信贷和贷款计划等服务，尤其是从银行无法贷款的农场，FSA 是他们唯一的选择；风险管理署(Risk Management Agency，RMA)通过联邦作物保险公司提供保险，该公司通过提高农业的经济稳定性来促进国家福利。

从历史看，美国从 1924 年开始对农场收入进行支持和保护。

第一个阶段是 1996 年以前的初步经验积累期，美国政府通过各种农业立法及相关的政策调整，进行了多种农业保障的尝试，并积累了丰富的经验，该阶段的主要农业保护政策是价格支持和供给控制计划。

第二个阶段是 1996—2014 年的直接收入支持时期。灵活合同(Production Flexibility Contract，PFC)支付，启用基于历史生产状况上的直接支付，之后引进了反周期支付计划(Countercyclical Payments，CCP)、保护安全计划(Conservation Security Program，CSP)和巨灾风险保障(Catastrophic Risk Protection Endorsement，CAT)，继续推行种植灵活性和直接支付计划。最终，将“灵活合同”更名为“直接支付”(Direct Payments，DP)。研究表明，直接支付政策对维护和促进美国农场的发展发挥了重要作用。

第三个阶段是 2014 年之后的收入风险保障时期，即由直接收入支持转向收入保险支持。2014 年美国农业法改革收入补贴，取消了直接支付，结束了美国近 20 年农场不管是否遭受损失都可以基于历史产量获得固定年度支付的方法，同时也废止反周期支付和平均作物收入选择(Average Crop Revenue Election，ACRE)，但保留了销售援助贷款计划(Marketing Assistance Loan Program，MALP)，与此同时引入了价格损失保障(Price Loss Coverage，PLC)和农业风险保障(Agriculture Risk Coverage，ARC)两个计划，生产者可以在二者之间作出选择。PLC 主要针对小麦、饲用谷物、水稻、油籽、花生以及豆类。这一补贴首先设定一个参考价格，如果市场价格低于参考价格的时候，则向农场提供补贴。PLC 补贴的补贴率是参考价格与年度全国平均市场价格之间的差额，因此，PLC 实际为生产者提供了价格底线。而在 ARC 下，农场可以在县级农业风险保障和个人农业风险保障之间作出选择。选择县级农业风险保障的农场，在作物年度中，如果某种作物真实的县级水平收入低于县农业风险保障收入基准的 86%，即可获得补贴；选择个人农业风险保障补贴的生产者，在真实的个人收入低于个人农业风险保障收入的时候，可以获得补贴。但个人农业风险保障无法以单个产品来获得补贴，而是必须将全部农场作物纳入项目中，同时，设定了作物商品项目补贴上限。2014 年《农业法案》强化了风险保障，新设立了两种保险项目，即补充保障选择计划(Supplemental Coverage Option，SCO)和叠加收入保障计划(Stacked Income Protection Plan，STAX)，两种保险均不设收益上限。SCO 以县的平均单产或收入为基础，为农场提供额外的以面积为基础的保险保障，但如果农场选择了 ARC 或 STAX，那么就不能再参加 SCO。STAX 是针对无法参与 ARC 的高地棉种植农场提供的一种新的保险产品，主要补偿那些低于作物保险条款承保一般标准的损失。农场可以通过某一种已有的联邦保险计划为基础，以 STAX 计划为补充，也可以直接单独购买一份 STAX 计划。政府对 SCO 和 STAX 分别提供 65%和 80%的保费补贴。

农业风险保障(ARC)计划为生产者提供两种类型的保障，即县级农业风险保障(ARC-County，ARC-CO)和个人农业风险保障(ARC-Individual，ARC-IC)。基于县级的数据，当某一作物的实际县级收入低于基准县级收入的 86%时，农民可获得补贴。基于个人农场的数据，当农场的实际收入低于基准收入的 86%时，农民可获得补贴。

2014年《农业法案》扩大了无保险作物援助计划(Noninsured Crop Disaster Assistance Program,NAP),该计划为无法提供作物保险的情况提供与天气有关的损失保险,以便在灾难性损失水平之上实现额外的"购买"保障。灾难性保险需要收费,"买入"保险要求支付费用和保险费。

每个积极从事农业的个人付款限额为125000美元,个别计划没有特定限制,配偶可能会额外获得125000美元。为花生付款提供单独的125000美元限额,棉花过渡付款限额每年40000美元。为了接收付款,生产者还必须具有低于900000美元的调整后总收入(农场和非农业组合)。受这些限制的计划包括PLC、ARC和NAP计划,而SCO、STAX和其他联邦作物保险计划则不受限制。

由于2014年《农业法案》的实施,生产者的风险管理策略可能会因可用程序的变化而发生变化。许多计划现在与生产联系更紧密,这引发了对2014年《农业法案》是否会提供可能影响作物总产量和价格、贸易和区域生产模式以及环境的激励措施的质疑。

作物收入保险(Crop Revence Coverage,CRC)是目前美国使用最广泛的一种作物价格保险。作物收入保险涉及几个概念:一是往年实际产量,也就是最近5年产量的移动平均值;二是单产保险比例,投保比例可以从0到100%,相应的保费价格也阶梯提升;三是预测价格,用于计算作物投保金额;四是收获价格,用于计算作物实际收入。后两种价格计算的均是投保作物相应指定新作收获期货合约的不同月份的日结算价格的平均价。

2014年《农业法案》首次提出,限制内布拉斯加州、北达科他州、南达科他州、堪萨斯州、俄克拉荷马州和德克萨斯州原生草地上首次耕作种植作物情况下的农民保险补贴,以防止草地被过度开垦。2015年8月31日美国农业部(USDA)风险管理署(RMA)宣布扩大牧场主的农作物保险范围,以帮助他们防止因喂养牲畜而产生牧草损失。牧草降雨指数试点保险于2016年作物年度开始提供,该计划利用降雨指数确定用于覆盖目标的降水量,并不衡量产品本身的产量或损失。当特定区域(网格)、特定两个月的降雨量低于历史平均降雨量的选定百分比时,该计划将支付损失。另外RMA还为这种经济实惠的保险承担部分保费,成本份额在90%覆盖率上补贴51%,在70%或75%覆盖率上补贴59%。

2018年《农业提升法案》(也称为2018年《农业法案》),于2018年12月20日由时任总统唐纳德·特朗普签署成为法律,是由美国国会通过的一项重要立法,为农业、营养、食品等方面的政策提供了5年的支持和资金。它是通过对2014年《农业法案》修订而成,涵盖了农民支持、环境保护、营养援助以及农村发展等多个方面。在美国联邦政府赤字压力的影响下,美国国内众多声音呼吁调整美国现行农业保险计划。最终的结果是未来5年美国《农业法案》中9%的资金用于农业保险,比2014年《农业法案》中农业保险的占比还要高一个百分点。农业保险是仅次于营养项目的第二大项目,可见美国政府对农业生产和农业保险的重视。另外,2018年《农业法案》还特别强调,在这个法案周期会将更多农产品纳入保险保障范围。在前期牧草降雨指数试点保险计划的基础上,正式的牧草保险上市成为可能。

美国《农场法案》于2018年12月20日签署成为法律,并将在2023年财政年度结束时继续有效,尽管有些规定延伸到2023年以后。国会预算办公室(Congressional Budget Office,CBO)预计新的《农场法案》将规定在未来5个财年(2019—2023年)支出4280亿美元:其中76%以上(大约3260.2亿美元)的资金支持营养计划,大部分将用于补充营养援助计划(Supplemental Nutrition Assistance Program,SNAP);农作物保险支出380.1亿美元,农业商品计划支出 314.4 亿美元，保护计划支出 292.7 亿美元；剩余的大约 0.8%(35.4 亿美元)将资助所有其他计划，包括贸易、信贷、农村发展、研究和推广、林业、能源、园艺和杂项计划。总体而言，与 2014 年农场法相比，新的农场法对食品和农场政策的改变较少。

2018 年《农业法案》继续强调对农场风险管理的支持，并扩大 2014 年《农业法案》中规定的联邦作物保险计划(Federal Crop Insurance Program，FCIP)的覆盖范围。从图 2.1 可见，自 2007 年以来，保险面积的最大增长来自牧草，牧草保险面积仅次于玉米、大豆和小麦，牧草中的典型代表——苜蓿也成为了美国第四大价值作物。2018 年《农业法案》把灾难性保险政策覆盖到牧草作物区域，这可能会进一步增加牧草作物区域的保险总面积。灾难性保险政策的保费是完全补贴的(农民不支付保费，只需支付管理费)，即使需要更高的保障水平也只需支付部分保费，更优惠的政策可能会促使人们更多地参与 FCIP。

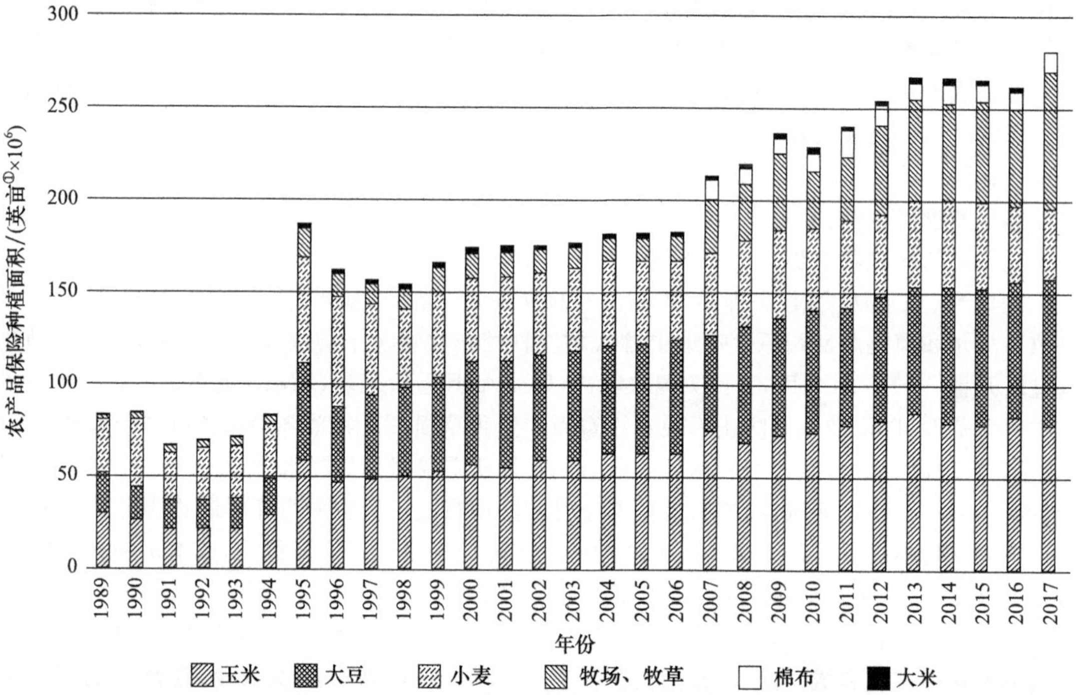

图 2.1 美国 1989—2017 年主要农产品保险种植面积(资料来自 USDA)

美国农业部帮助生产者管理其业务风险。美国农业部风险管理署(RMA)的使命是促进、支持和规范健全的风险管理解决方案，以维护和加强美国农业生产者的经济稳定。作为此任务的一部分，RMA 经营和管理联邦作物保险公司(Federal Crop Insurance Corporation，FCIC)。RMA 有 3 个部门：保险服务、产品管理和风险合规。17 家私营保险公司出售和服务这些政策。通过联邦作物保险计划(FCIP)提供保险产品，以保证生产者避免收益、作物收入、保证金、整个农场收入和其他类型的损失。FCIP 由联邦作物保险公司(FCIC)管理。RMA 批准保险费率，管理保费和费用补贴，批准和支持产品，管理 FCIC，并为保险公司再保险。RMA 还要开发新的可能与私营保险公司合作的农作物保险政策。RMA 还负责赞助相关风险教

① 1 英亩=4046.856 米^2。

育、外展计划和研讨会等主题活动。

农场服务署(FSA)向无法从银行、农场信贷系统机构或其他贷方获得商业信贷的家庭规模农民和牧场主提供直接且有保证的农场所有权和经营贷款。FSA 贷款可用于购买土地、牲畜、设备、饲料、种子和用品。贷款还可用于建造建筑物或改善农场。

除以上农业保险的保障外,美国农业部还通过几项贷款、赠款和贷款担保计划为低收入和中等收入的美国农村人口提供获得住房的机会。这些计划还为个人提供资金,以资助必要的居住环境改善,使他们的家庭体面、安全和卫生。美国农业部的多户住房计划提供农村租赁住房贷款,为极低收入、低收入和中等收入家庭提供价格合理的多户住房。此外,符合条件的老人或残疾人家庭可以获得租赁援助。

美国农业部农村发展部与农村社区建立伙伴关系,资助为美国农村带来住房、社区设施、商业保障、公用事业和其他服务的项目。美国农业部为农村企业和合作社提供技术援助和资金支持,以在农村地区创造高质量的就业机会。

综上所述,美国政府以农业立法的形式为农民提高收入提供了稳定的政策保障,也正是这些保障慢慢加强了美国农产品的国际竞争力。美国的农业保障政策是形成美国农产品国际竞争力的重要保障。在 WTO 规则范围内,收入保险保障更符合“黄箱”向“绿箱”操作。

2.6.2　我国农业保险

为了激励农民增加粮食播种面积,从而提升国家的粮食产量,2004 年我国决定在部分粮食主产区对小麦和稻谷执行最低收购价政策。2008 年,国际玉米市场经历了一次大起大落。价格下行压力在市场上开始显现,而同期国际市场玉米价格也处于加速下跌过程中。为稳定市场以保护农民利益和种粮积极性,国家决定对玉米实施临时收储政策。之后,我国又对稻谷、大豆、油菜籽、棉花、白砂糖等重要农产品实施了临时收储政策。

最低收购价政策的基本做法是在某期小麦或水稻收获前,中央政府给出收购预案,规定对收储地区、质量的要求,并给出预案中的最低收购价格和执行时间。待粮食收获后,在规定的最低收购价执行期间,如果市场价格低于最低收购价,则启动预案;否则不启动。国家主要委托中储粮公司对收购的粮食进行储备和管理。临时收储政策与最低收购价政策基本类似。中央政府同样在农产品收获前规定临时收储预案,预案中规定了收储的主产区、收储的质量要求、临时收储的价格和执行期间。

与最低收购价政策稍有不同的是,临时收储政策是只要在规定的执行期间内当市场价格一旦低于收购价格就立即启动,而最低收购价政策往往要求连续数个工作日都低于规定价格时才启动。虽然具体规定略有不同,但其基本原理是相同的,都是当农产品市场价格低于国家规定的价格时,国家财政予以补贴,从而抬高国内市场的实际价格。正因为如此,我国国内一般将最低收购价政策和临时收储政策并称为“托市收购政策”。

托市收购政策的主要目的是为了稳定粮食和重要农产品价格,保护农民种粮积极性,从而保障国家粮食安全。但是,托市政策的弊端也逐渐显现出来:托市收购政策给国家财政带来了巨大的压力;WTO 也严格限制最低价收购和临时收储等“黄箱”操作的农业补贴政策;补贴效果较差,据财政部测算,我国价格补贴政策的效率仅为 14%,远低于发达国家 25%的补贴效率,国家投入了大量补贴资金,可最终农民并没有享受到完整的补贴;托市政策与发展市场经济背道而驰;加工流通企业没有公平竞争的市场环境,且走私压力巨大。

反观发达国家，其价格补贴的主要表现形式即为保险，也就是说，如果我国农业保障政策由最低价收购和临时收储政策改为保险政策，农民将获得更多的国家政策性补贴收入。

自新中国成立以来，我国农业保险的发展经历了以下 5 个阶段：1950—1958 年是我国国营农业保险萌芽起步阶段；1959—1981 年农业保险经历了全面停办阶段；1982—1993 年是农业保险恢复发展阶段；1994—2003 年是农业保险持续萎缩阶段；2004 至今为政策性农业保险持续发展阶段。

2004 年以前，我国的农业保险主要以商业保险经营为主，但由于农业生产与经营的内在风险特征，商业保险公司基本处于亏损状态。2004 年以后，我国开始探索建立政策性农业保险制度。2003 年 3 月 1 日起实施的《中华人民共和国农业法》首次将“政策性农业保险”的概念写入国家立法，提出“国家逐步建立和完善政策性农业保险制度”。2007 年，中央财政投入 20.5 亿元资金，正式启动了中央财政补贴的政策性农业保险试点。2013 年 3 月，我国正式实施了《农业保险条例》，从农业保险的性质、经营主体、保障范围、政府作用、保险合同的特殊规定以及农业保险的特殊经营规则 6 个方面规范了农业保险活动，既肯定了过去我国农业保险活动的许多既有做法，又对农业保险活动作出了法律上的引导，标志着我国农业保险开始从试点运行进入到制度化发展阶段。农产品收入保险在我国最近几年才开始得到关注。2012 年，安信农保在上海率先进行了农产品收入保险试点。为了帮助保险公司降低农产品价格指数保险的承保风险，不少地区还进行了“保险＋期货”的试点。2014 年中央一号文件首次提到要“探索粮食、生猪等农产品目标价格保险试点”。

在过去十几年，我国农业保险跨越式发展，取得了令人瞩目的成就，成为农业保险体量仅次于美国的世界第二大农业保险大国。但目前我国农业保险仍然以保物化成本为主，价格保险和收入保险的发展极为缓慢，这严重制约了农业保险功能的发挥、新业务领域开发及利润空间的拓展。

近年来，美国不断针对“中国粮食生产国内补贴远超之前承诺”问题向世界贸易组织（WTO）提交争端。2019 年 2 月 28 日，WTO 裁定我国为国内粮食产业提供过度的补贴和帮助，有违之前入世承诺。可见，我国农业补贴及农业保险政策改革同样迫在眉睫。

2.7 拍卖交易

拍卖，起源于西方，是通过一系列明确的规则和买者竞价所决定的价格来决定资源配置的一种市场机制。拍卖具备价值发现、优化资源配置、拓展销售、降低交易成本、提高交易效率、减少交易风险等功能。

拍卖类型主要有：英式拍卖（英国拍卖），由拍卖师开始以较高的价格起拍，然后逐渐降低，直到有人出价，再由出价者间竞标，直到最高价者得标；荷兰式拍卖，由拍卖师以较高价格起拍，然后价格逐渐降低，直到有人接受报价，交易达成；封闭式拍卖，参与者以书面形式提交报价，拍卖师或者卖方选择最高出价者进行交易；竞价拍卖，参与者直接竞标，逐渐提高价格，直到最高价者获得商品。

拍卖交易的优点是公开透明，价格由市场竞争决定，能够达到较高的市场价值，有助于快速变现，吸引多方竞争。拍卖交易也存在风险，可能出现市场不活跃导致成交价偏低，或者竞标者对商品价值评估不准确等情况。

2.8　保险＋期货

“保险＋期货”其实就是农产品期货价格保险，这种模式的基本流程是：保险公司基于期货市场上相应的农产品期货价格，开发农产品价格保险；涉农主体通过购买保险公司的农产品价格险，确保农业收益；保险公司通过购买期货公司的期权产品进行再保险，以对冲农产品价格波动可能带来的风险；期货公司在期货市场进行相应的对冲操作，进一步分散风险，最终形成风险分散、各方受益的闭环。政府部门、期货交易所为项目提供一些保费补贴或手续费减免支持，以降低项目运行成本。

自 20 世纪 80 年代以来，全球的保险业损失不断扩大，保险人积极寻求更多规避风险的有效手段，进而减少和规避因承保对象的非预期风险扩大而带来的损失。

近年来，我国农产品市场的价格波动风险越来越大，涉农主体的避险需求较高。从本章 2.5 节和 2.6 节两个部分的理论分析可知，农业生产规避风险的成功经验有两种：一种是保险的保障，另一种就是期货的套期保值。但是，传统的农产品价格保险在管理农产品价格波动风险上遇到了诸多问题，难以保障农产品价格；当前农户与期货市场的对接又十分困难，无法直接参与期货交易，更谈不上保证农业生产安全。在不断地摸索中，“保险＋期货”模式出现了。该模式是近年来我国保险和期货市场合作探索推出的支持“三农”发展的创新模式，自推出以来发挥出显著的积极作用。

2014 年大商所率先组织期货经营机构，在黑龙江省等农业大省进行玉米或大豆场外期权试点，助力种植户化解收获期市场价格下跌风险。2015 年大商所进行全国首个“保险＋期货”试点，联合中国人民财产保险股份有限公司和新湖瑞丰期货公司共同推动“辽宁玉米保险＋期货”项目，开启了中国农产品新的保障时代。2015 年 9 月湖北家和美公司参保了“保险＋期货＋银行”鸡蛋试点。2017 年 5 月青岛平度开展了“保险＋期货”鸡蛋试点。2017 年上海期货交易所推出由中国人民财产保险股份有限公司上海市分公司和申银万国期货公司共同推动的“云南橡胶项目”。2017 年 12 月由华信期货联合中国人民财产保险股份有限公司陕西省分公司推出的苹果价格保险项目在国家扶贫开发工作重点县——宜君县正式签约运作，这是全国首单苹果“期货＋保险”项目。2018 年铜川市推进陕西省首单政策性鸡蛋“保险＋期货”试点项目，铜川市政府以政策性农业保险为抓手，支持鸡蛋、苹果等特色农业产业稳定发展。2019 年郑商所在新疆红枣主产区试点开展红枣“保险＋期货”项目。截至 2023 年，郑商所共计开展 23 个红枣“保险＋期货”项目，覆盖阿拉尔市、麦盖提县、阿克苏市等 12 个红枣主产区，总保费 1.4 亿元。2020 年生猪期货获批上市，期货市场为猪肉产业链的各环节提供风险管理服务，在一定程度上稳定猪肉市场秩序。郑商所于 2021 年 2 月 1 日上市花生期货，同年花生“保险＋期货”项目落地实施。截至 2023 年，郑商所开展 8 个花生“保险＋期货”项目，覆盖河南、山东、辽宁等花生优势主产区，保费总额 1.78 亿元。2023 年郑商所在湖北试点开展油菜“保险＋期货”项目，积极贯彻落实扩大油菜种植面积的政策精神。为更好地响应中央关于油料产能提升及供给保障安全的政策精神，2024 年郑商所立项支持 7 个花生“保险＋期货”项目与 1 个油菜“保险＋期货”项目。2024 年 5 月郑商所宣布 2024 年开展“保险＋期货”试点项目总数量为 27 个，试点品种为花生、苹果、白糖（糖料蔗、甜菜）、红枣、棉花、油菜。

据大商所公开的数据显示，2015—2018 年，大商所开展了 153 个“保险＋期货”试点项目。

至2021年,大商所累计为"保险+期货"模式投入约9亿元,引导70家期货公司、12家保险公司、10家商业银行开展了603个"保险+期货"项目。2022年大商所引导64家期货公司联合保险公司共开展362个项目。大商所2023年上半年共立项45个项目,对农保计划进行了针对性优化升级,其中,"银期保"大豆种收项目系统性引入银行和企业形成闭环,为大豆种植提供了综合性金融保障。截至2023年11月,大商所"保险+期货"项目累计数量突破1000个。据郑商所公开的数据显示,自2016年至2023年底,郑商所已为棉花、白糖(糖料蔗、甜菜)、苹果、红枣、花生等涉农品种提供风险管理服务,累计开展183个"保险+期货"项目,共覆盖31个省(自治区、直辖市)的133个县(包括脱贫攻坚、乡村振兴重点县64个),保障现货规模360.81万吨,覆盖农户57.19万户次。

2016年中央一号文件首次写入"保险+期货"模式,提出"稳步扩大'保险+期货'试点"。2017年中央一号文件提出"稳步扩大'保险+期货'试点",并探索"订单农业+保险+期货(权)"试点。2018年中央一号文件提出"深入推进农产品期货期权市场建设,稳步扩大'保险+期货'试点,探索'订单农业+保险+期货(权)'试点"。2019年中央一号文件明确要求"扩大'保险+期货'试点"。2020—2022年中央一号文件继续强调优化"保险+期货"模式,并提出"实现三大粮食作物完全成本保险和种植收入保险主产省产粮大县全覆盖"。2023年中央一号文件提出"发挥多层次资本市场支农作用,优化'保险+期货'"。截至2023年"保险+期货"一词已经连续8年出现在中央一号文件中。

农产品价格保险是国际上保障农民收入的主流做法,也是在中国农产品收储政策历经数年走入十字路口之后被公认的最好替代政策。"保险+期货"模式作为一种新型金融工具,建成国家补贴农民大部分保费、农民购买价格保险保收益、保险公司购买场外期权对冲风险、期货公司风险管理公司在期货交易所场内复制期权覆盖风险的闭环,是保障农业、多方共赢的事情。

因此,保险和期货二者相辅相成、各取所长,期货为价格保险提供了有效的风险对冲工具,保险也解决了期货市场与农户对接不畅的"最后一公里"问题。"保险+期货"模式通过保险公司和期货公司搭建起了期货市场与涉农主体之间风险转移分散的桥梁,使农产品价格保险可以最终落地,在有效规避国家价格托市政策对市场的行政干预影响的同时,有效保障涉农主体收益。

虽然"保险+期货"模式在农产品价格机制改革中发挥着重要作用,但相比美国、加拿大等发达国家成熟的收入保险,还有很长的路要走;另外,我国期货市场品种不全、专业人才培训滞后、监管制度与风险防范落后等问题也需要进一步完善。

第三章 美国农产品交易、草产品交易及主要饲草进口国国际布局

美国的农产品供应链由生产商、贸易商和零售商共同组成。农产品属于大宗商品，交易形式大致为通过合同、合作社和现货市场来进行交易。合同销售是主要的交易方式，合同销售的规模也是几种交易形式中最大的。合同销售在大型及超大型农场中所占比例更高。另外，经过几百年的发展，美国形成了各式各样的农业合作社，借助合作社销售同样占有相当大的比例。近年来，美国农场平均规模越来越大，农场生产专业化程度越来越高。美国大型零售商与大型农场之间的"大农场对接大市场"模式，成为了美国农业的新特点。传统的现货市场销售的比例大幅下降，成交额减少，主要的表现形式是农产品的本地化销售。

农业收入包括农产收入、其他农业收入和非农业收入。根据美国农业部经济研究局(Economic Research Service，ERS)和美国农业部农业统计局(National Agricultural Statistics Service，NASS)2018年12月的数据统计：美国商业农场的平均家庭总收入估计值从2012年的23.95万美元下降到2017年的20.01万美元。相比之下，居住型和中间型农场的农场平均收入估计值相对不变。尽管2017年总收入下降，但居住型和商业农场的家庭总收入中位数仍高于美国家庭的平均收入(6.32万美元)。农户收入包括农场收入来源和非农业收入来源。农场收入来源包括来自农场业务的收入，这取决于农场成本和每年不同的回报。虽然从以往的数据来看相当数量的农户农业收入为负，但这是商业农产的主要收入。非农业收入包括工资收入、非农业经营收入、股息收入和转让收入等，这些收入是居住型和中间型农场家庭的主要收入。这些农场对农场外收入的依赖程度越来越高，这使它们比商业农场更不容易受农业成本和回报的影响。由于经营商业农场的家庭主要依靠农场收入来源，当农业部门收入下降时，商业农场总收入下降幅度最大。但是，在美国创造较大的农业价值的仅有少量的大型农场。

3.1 美国农产品交易

3.1.1 合同农业销售

合同农业销售是美国农场最主要的销售模式。"契约"一词与合约同义，又称合同，在英文中称为"contract"。农产品生产和销售过程中引入契约制度，是契约在农业领域的发展延伸。美国农产品交易经过了几百年的发展，最终形成了独具美国特色的合同农业(Contract Farming)。

合同农业是农业生产方与需求方(农产品加工或者销售企业)之间，按照某一价格和要求，订立远期交易协议的农业生产过程。合同农业也称订单农业，这种交易的基础是双方所作出的承诺。生产方要根据与购买方约定的要求、标准及数量提供农产品，同时购买方也要履行之前的承诺，并在约定时间按照合同购买农产品。美国的农业合同分为两种：生产合同及销售

合同。

生产合同是指农产品需求方与农场在生产之前签订的合同，由农产品需求方提供生产资料投入，由农场提供劳动、设备、房屋等，产品所有权和生产决策权属于农产品需求方。合同往往约束农场的服务、报酬及农产品需求方的责任等。销售合同是指农产品需求方和农场之间就交货数量、质量、时间及定价规则达成的协议，农场拥有交付前产品所属权及生产管理阶段的决策权。相比之下，生产合同多被畜禽养殖生产选择，销售合同主要用于作物种植生产（朱行 等，2010）。

根据美国农业部 ERS 和 NASS 发布的农业资源管理调查（Agricultural Resource Management Survey，ARMS）数据显示，美国合同销售按产值呈现稳定的增长，合同销售的规模远超过合作社销售的规模，1/3 的美国农产品通过合同农业生产销售。利用合同农业的农场数量相对较少，但生产价值较高。与小型农场相比，大型农场实施合同制的情况更加普遍。与此同时，万俊毅等（2016）发现美国农业合同中销售合同占比高于生产合同。销售合同相对约束条件较少，较多的小农场愿意采用销售合同，而大农场则更倾向生产合同。

根据 ERS 的最新数据，农民使用合同来管理价格和生产风险，加工商、集成商和买家使用合同来采购具有特定品质的农产品，并减少供应的不确定性。如图 3.1 的数据所示，2017 年所有商品的合同生产价值份额为 34%，接近 1996/1997 年的平均份额（32%）。2017 年的数据显示，美国花生、烟草、甜菜、生猪和家禽鸡蛋的生产更依赖合同；相比之下，小麦、大豆和玉米等粮食作物种植对合同依赖较小。其中，烟草合同生产的比例提升最高，从 1996/1997 年的不到 1%跃升至 2017 年的 90%，因为卷烟制造商从现金拍卖转向合同，确保了特定类型的烟草供应充足。根据合同生产的生猪份额增加接近一倍，从 1996/1997 年的 34%增加到 2017 年的 63%。生猪加工商可以使用合同来更好地控制他们获得的生猪的特性，帮助他们为消费者提供更优质的猪肉。乳制品行业利用合同交易数量的减少与美国乳业近年萧条有关，也与乳制品合作社的影响力有关，更多的乳制品企业选择利用合作社销售。

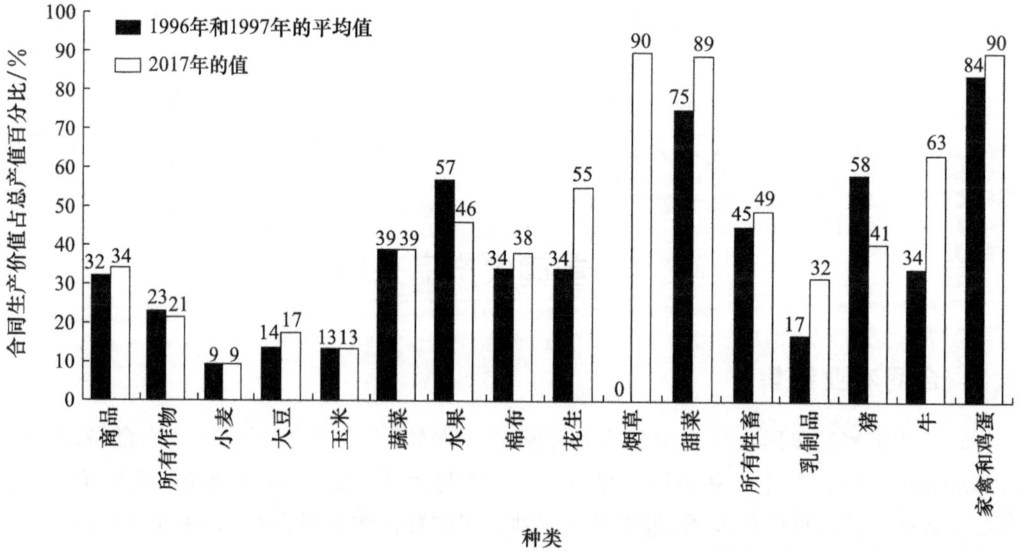

图 3.1　美国合同农业占比变化（资料来自 USDA）

1996—2020 年，美国农场平均规模越来越大，农场生产专业化、集约化程度越来越高，消费者对农产品质量要求更高。为了降低风险、减少成本、强化对农业生产的组织以及对农产品供应链的监控，美国农民和企业更愿意通过合同农业来交易农产品。

3.1.2 合作社销售

合作社是美国经济的重要组成部分，特别是在农村地区。除了帮助农民和牧场主销售他们的产品和获得农业用品外，合作社还帮助满足他们许多其他需求，甚至在农村教育中都发挥重要作用。合作社销售是美国农场销售的重要方式，目前规模仅次于合同销售，占农业销售总值的32.9%左右。近年来尽管合作社数量有所下降，从2008年的2475家减少到2017年的1871家，但合作社销售模式仍然发展稳定，谷物、油籽及乳制品多采用合作社销售模式。美国农业合作社的类型主要有销售合作社、供应合作社和服务合作社3种类型。扶玉枝(2012)总结，美国农业合作社遍布全国各地，86%的乳制品、41%的棉花、40%的粮食和油籽通过合作社销售。根据USDA公布的世纪合作社名单，134个百年合作社中从事粮食、油籽销售的占比高达58.2%，可见合作社在美国农业中的影响力巨大。根据美国农业合作社名录数据，威斯康星州的Wisconsin Organic Marketing Alliance、田纳西州的Dickson Farmers Cooperative、加利福尼亚州的San Joaquin Valley Hay Growers Association、爱达荷州的Farm Bureau Marketing Association of Idaho Inc.、明尼苏达州的Land O'Lakes，Inc.、明尼苏达州的Minnesota Valley Alfalfa Producers、华盛顿州的North Cascades Meat Producers Cooeprative等合作社都从事与牧草有关的生产销售活动。

美国农业合作社按地域分类可分为地方性合作社、超地方合作社、区域合作社、全国合作社、国际合作社；按成员组成分为集中型合作社、联合型合作社和混合型合作社；按合作社功能分为销售合作社、供应合作社和服务合作社。销售合作社以谷物、油籽及乳制品销售为主，供应合作社以燃料、肥料及饲料的采购为主，服务合作社以为作物、棉花、果蔬等提供生产、加工、运输服务为主。李旭等(2018)总结美国2007—2016年农业合作社的数据，发现美国80%的加工农产品来源于合作社，70%的出口农产品来源于合作社，农民所使用的化肥和农药中44%来源于合作社，另外，农民得到的贷款中也有40%来源于合作社。

美国的合作社经历了传统农业合作社、新型农业合作社以及有限责任合作社3个发展阶段(表3.1)。合作社最早可以追溯到美国西进运动时期的乳制品合作社，随后出现了“格兰其”“农场主联盟”“农场主协会”“美国农场局联盟”等合作组织，从地方合作发展为全国合作，逐渐形成了具有美国特色的农业合作社。

表3.1 美国合作社比较(郭永奇，2018)

合作社特征	传统农业合作社	新型农业合作社	有限责任合作社
成员资格取得	开放	封闭	封闭
是否必须为生产者身份	是	是	否
出资	少	多	多
资本流动性	弱	强	强
转让	允许原价转让	允许股权转让	允许股权转让
农产品交付	有交付权、无交付义务	有交付权、有交付义务	有交付权、鼓励交付义务
社外交易	允许	允许完成义务后的社外交易	允许完成义务后的社外交易
惠顾返还	20%～35%	65%～80%	不低于合作社利润的50%

USDA农村发展局通过商业计划、合作计划及社区经济发展计划为农村合作社提供服务。商业计划为合作社提供信贷和资金支持,合作计划促进合作社模式发展及运作流程的完善,社区发展计划帮助社区实现长期经济发展目标。

3.1.3 现货销售

现货销售是美国农业传统的销售模式,近年来由于合同农业及合作社农业的快速发展,现货销售比例下降,但仍然是一种重要的交易形式。根据AMS的信息,美国现货销售包括:农贸市场、农民拍卖、农场到学校的计划供应、农场到食品中心或社区的供应、农场到餐厅的供应、直面消费者的销售及零售。

近年来,无论城市还是农村,直接从农民处购买农产品的机会大大增加。ERS的经济学家发现,在路边摊、农贸市场、自有农场、农场商店和社区支持的农业安排中,销售食品的农场数量在2002—2012年增加了24%。面对农产品销售环境的变化,美国销售农产品除了依托合同和合作社外,根据对当地生产食品的需求不断增加的趋势,许多农场特别是小农场开始采用当地销售的方式,当地销售可以大大增强农场的议价力,使农场成为价格的制定者,从而成为一种新兴和得到鼓励发展的现货销售模式。

美国的食品销售渠道分为两种类型:一种是农场面对面与消费者交易的渠道,即直接销售(Direct To Consumer,DTC);另一种为中介销售渠道(Intermediated Marketing)。

自20世纪90年代以来,参与DTC的农场数量呈现增长趋势,但销售值占比并没有发生相应的明显变化,这表明农场通过DTC销售农产品仍然是有限的。小农场比大农场更多使用DTC,但销售额在不断提高。参与DTC的农场存活率比依靠传统销售渠道的农场高。农民市场是DTC最主要的形式,有利于中小规模的农场经营者获利,消费者能够获得来自当地生产、新鲜的食品,提高城市社区购买食用农产品的便利性。美国从1984年采用社区支持农业(Community Support Agriculture,CSA)手段支持本地农业。CSA由一个承诺支持农场的社区与农场个体或农场集团共同组成,在CSA中,生产者和消费者相互支持、分担风险、共享收益,消费者成员定期收到农场供应的农产品,生产者成员获得了农场必须的流动资金和满意的产品价格,实现了消费者和农场共赢的模式。

中介销售主要是将农产品出售给当地杂货店、餐馆或经销商,与农民的DTC销售相结合服务本地市场。据ERS的数据,使用当地食品营销渠道因农场规模而异。小型农场依赖的是直接面向消费者的渠道,而不是大型农场更愿意使用的中间渠道。仅通过中间渠道销售本地食品的大型农场占这些中间销售额的92%,而仅通过直接面向消费者渠道销售本地食品的中小型农场占这些市场销售的73%。

尽管当地销售特别是直接销售目前仍然只占美国农产品总销售的很小比例,但随着农场、销售额不断增加和销售形式的多样化,已经成为农场一种成功的销售方式,无兴趣也无能力参与大型批发市场渠道的小农场更依赖这种销售方式。

3.1.4 期货销售

世界著名的农产品交易所大多在美国,芝加哥商品交易所集团下属的芝加哥商品交易所、芝加哥期货交易所、纽约商品交易所牢牢地控制着世界农产品价格的风向标。涉农交易期货期权合约包括玉米、大豆、豆油、活牛、育肥牛、豆粕、小麦、燕麦、生猪、牛奶、糙米、棕榈油、奶粉、黄油、奶酪、干乳清、木材、咖啡、糖、棉花及生物燃料等，涵盖谷物、油籽、家畜、乳业、肥料、软商品及各种农业指数等。

期货市场最突出的功能就是为生产经营者提供回避价格风险的手段，即生产经营者通过在期货市场上进行套期保值业务来回避现货交易中价格波动带来的风险，锁定生产经营成本，实现预期利润，也就是说期货市场弥补了现货市场的不足。在市场经济条件下，价格是根据市场供求状况形成的。期货市场上来自四面八方的交易者带来了大量的供求信息，标准化合约的转让又增加了市场流动性，期货市场中形成的价格能真实地反映供求状况，同时又为现货市场提供了参考价格，起到了“发现价格”的功能。

与此同时，USDA 也会按周或按月发布各主要农产品相应的参考价格和供应信息，内容包括美国各种主要农产品种植、产量和库存数据。同时，USDA 还对美国和世界主要农业生产国进行农业生产等方面的预测并发布相应的报告。USDA 报告已被视为反映全球大宗农产品产量、市场供需、出口销售等现状的基本准则。

为什么更多的美国农业生产者和企业选择期货交易？因为期货很灵活。几乎任何可以想象的市场情况都在价格上升、价格下跌及价格稳定间变化，农产品期权可以实现投资并控制风险；即使参与者对市场没有意见方向，也可以从市场波动的变化、到期时间临近或期权所特有的因素中获利；期货交易为农业企业提供额外的保护，农产品期权在不限制利润潜力的情况下提供价格保护，对生产者来说，这意味着在作物价格上涨的情况下，获得防止作物价格下跌的保护，对于谷物电梯来说，这意味着将合同范围扩大到农民，包括最低和最高价格合同，以及其他混合型合同，粮食经销商、加工商和其他谷物购买者可以获得防止价格上涨的保护，并且在价格下跌时仍然从中获利；期货交易流动性好，农业期权依靠芝加哥期货交易所这个世界领先且流动性较强的期货交易机构；期货交易风险相对较低，农业社区和投资者可以通过农业期权显著降低风险；期货交易属于场内交易，交易的审计及监管程度远高于任何其他交易市场。

USDA 发布的报告除了玉米、棉花、小麦以外，也包括苜蓿干草、其他干草的价格及供应信息，但美国现有的农产品期货市场和商品交易所没有牧草这个类目。原因有很多，风险周期长、政策支持、长期固有的交易习惯、牧草产品标准化难度高、不同品种差异度较大等问题，共同导致牧草没能成为期货商品。2016 年在华盛顿帕斯科举行的美国干草协会大会上，美国牧草出口委员会的成员普洛德提出，据加利福尼亚州大学戴维斯分校的数据显示，苜蓿通过了建立期货合约所需的各项测试，包括价格不确定性、供求不确定性、商品的可交付性、产品标准化程度、价格信息的可用性、交易机会等。目前芝加哥商品交易所已经开始对苜蓿干草期货产品开发可行性进行研究。

3.1.5　美国的农产品仓储及谷物电梯交易

多年来，在将谷物储存到收获季以外的时间售卖已成为美国中西部地区的常见做法。仓储增加了农业生产的灵活性，使生产者能够使用营销工具来捕获更加适宜的价格。储存设施还可以通过减少运输和卸载所花费的时间来提高效率。但随着仓储时间的推移，仓储成本就会升高，产品自身的损耗及品质的下降都会导致成本上升。存储初期商业存储成本低于农场存储，随着时间的推移商业成本会逐渐升高最终超过农场存储成本。

3.1.5.1　商品信贷公司仓储

美国的农产品仓储以粮食储备为主。美国政府为了稳定、支持和保护农业收入及价格，于

1933年创建了商品信贷公司(Commodity Credit Corporation,CCC)。1939年7月1日后由USDA直接管理。CCC受政府委托,负责全国范围内粮食储备及管理工作,CCC有权从美国财政部借款300亿美元以履行其义务(唐为民,2002)。美国的农产品仓库分为3类:农场存储、商业存储和CCC存储。农产品仓库经营者须持有州政府或联邦政府颁发的许可证才能经营仓库业务。美国仓库法案授权农业部长批准储存农产品仓库的经营者资格,申请的仓库经营者必须符合该法案中规定的USDA标准。申请是自愿的,申请人同意该法案规定,遵守许可规则并支付相关的用户费用。

CCC与私人和公司签订存储协议,允许仓库运营商存储CCC拥有的商品或承诺作为CCC的担保以获得营销援助贷款。签订这些协议的仓库经营者必须符合USDA制定的标准,同意遵守协议的条款和条件,并支付任何相关的用户费用。CCC通过无追索权商品贷款计划和销售贷款计划为农产品仓储方提供服务。

无追索权商品贷款计划是传统的支持方式,旨为生产小麦、饲料谷物、棉花、大米、烟草等产品的农场提供无追索权经营资金贷款,使他们所持有的参与计划的作物用于日后销售。参与计划的农场或加工商可以用一定数量的某一商品作为抵押品,按这一商品的单位贷款率(每单位商品价格)从CCC获得一笔贷款。在一定期限内,借贷者可以偿还贷款并承担利息,从而重新获得抵押商品的所有权;也可以在规定期限后放弃商品所有权给CCC,以抵冲贷款而不必受罚。

销售贷款计划是1986年美国在已有的无追索权商品贷款计划中增加的销售贷款条款。随着这一条款的增加,美国的商品贷款计划事实上从直接提供市场价格支持转向了只提供收入支持。具体来说,在销售贷款条款引入前,农场借入贷款到期时,如果市场价格低于政府商品贷款率或市场价格高于贷款率但低于贷款率与利息之和,农场将选择持有贷款而将抵押的产品所有权让渡给政府,因此,这种贷款计划通过政府购买抵押的农产品为农场提供了价格支持,即只要农产品价格在低水平,这部分农产品就处于退出市场的状况。

CCC对内主要是稳定国内粮食市场价格,对外则是承担提供农产品援助和处理出口粮食等作用。

3.1.5.2 谷物电梯及谷仓电梯交易模式

谷物电梯(Grain Elevator)也称谷仓电梯、谷物升降机、粮食电梯或农村电梯,是为粮食仓储设计的农业设施。在粮食贸易中,“谷物电梯”这一术语还描述了一个包含斗式提升机或气动输送机的塔,它从较低的水平挖出谷物并将其存放在筒仓或其他储存设施中。在大多数情况下,“谷物电梯”一词也描述了整个电梯综合体,包括接收和测试办公室以及称重桥和存储设施。它也可能意味着在不同地点操作或控制多个单独电梯的组织。

在谷物升降机出现之前,谷物通常用袋子而不是散装处理,谷物电梯的发明是一项重大创新。1842年在纽约布法罗的商人约瑟夫·达特(Joseph Dart)和工程师罗伯特·邓巴(Robert Dunbar)利用奥利弗·埃文斯(Oliver Evans)的蒸汽动力面粉厂为原型发明了谷物电梯,并于1843年6月1日开始运营。很快谷物电梯迅速发展,出现在码头、港口、铁路旁、公路旁。在农业社区,几乎每个城镇都有一台或多台小型谷物升降机,可以为当地种植者提供服务。谷物电梯不仅负责存储谷物,还借助内河运输、海运、铁路运输、公路运输快速对接本国及国际粮食市场。

随着期货在粮食交易中的广泛应用,这种发生在谷物电梯、农业生产者与电梯运营者间的现金交易被称为电梯交易。电梯交易是美国农民间接参与期货市场的最佳途径。

电梯现金合同指购买粮食的合同，通常来自生产者。电梯现金合同包括以下交易形式：

(1)基础合同：协议中粮食交付和合法所有权转移到电梯。协议确定了基础价格，生产者随后选择希望建立期货价格的日期。到期后，生产者将收到减去先前商定价格后的期货价格。

(2)延迟付款合同：协议中确定价格并交付粮食但付款被推迟。该模式用于将本年度收入转移到下一个计税周期。

(3)远期合同：协议要求生产者在指定的时间和地点向电梯提供特定数量和质量的谷物，以达到先前商定的价格。

(4)套期保值到达合约：生产者选择未来合约月份并确定打算出售的谷物期货价格的协议，该基础价格由生产者自行决定。生产者的价格是期货价格减去基础价格。对冲合约通常可以转到另一个期货合约月份。电梯执行对冲交易。

(5)最低价格合同：协议建立最低销售价格。生产者保证当前现金价格或最低销售价格，以较高者为准。作为最低价格保证的交换，生产者必须支付与期权费相近的费用。

(6)提供合同：生产者与电梯签订合同，希望在现金价格达到指定价格时出售特定数量的谷物。

(7)价格延迟(延迟价格)合同：协议中粮食交付和合法所有权转移到电梯，但价格由生产者自行决定。合约期限内任何一天，生产者的价格是电梯现金价格减去服务费。

通过总结美国及加拿大各大谷物电梯的营销文件和案例文件发现，谷物电梯是解决美国粮食市场期现结合的完美工具，既可以大大提高农民期货交易的参与度，又可以通过期货市场的“价格发现”和“套期保值”功能服务现货交易。

日本通过海外直接投资和兼并等形式参与美国谷物电梯经营，积累丰富经验的同时，大大提高了日本在国际粮食市场的话语权，这种做法值得学习借鉴。

3.2 美国草产品交易

美国草产品交易分两个类型，即国内交易和国际交易。美国草产品包括苜蓿干草、提莫西干草、百慕大干草、燕麦干草、麦秸干草、果园草干草、苏丹草干草、玉米秸秆、牧场干草、黑麦秸秆、稻草干草、混合干草、草颗粒及草块等，其中苜蓿干草是重要的出口草产品。除了阿拉斯加和夏威夷外的其他 48 个州都有草产品生产，草产品是美国重要的饲料作物，美国牧草生产区域分布在西部、东北部和南部。同时苜蓿干草还是美国排名前四的价值作物，苜蓿草主产区在美国西部的几个州。

美国草产品以干草为主，按形态可分为两类，即草捆和草块(颗粒)；按成分又可分为苜蓿干草和其他干草。草捆按形状不同，又分为方捆和圆捆，按压缩次数分为一次加压草捆和二次加压草捆。

根据美国农业部 ERS、NASS 及农业科学研究院(Agricultural Research Service，ARS)在 2018 年 12 月发布的数据，如图 3.2 所示，76%的美国草产品由年收入低于 35 万美元的小型家庭农场生产，一部分牧草自用饲喂草食家畜和储草，大部分销售；中大型家庭农场也会少量生产牧草，但多用于饲喂草食家畜和储草，对外销售较少；非家庭农场更专注于经济作物、大豆、现金谷物、棉花等作物的种植及家畜养殖等，即使种植牧草也是生产储备牧草。

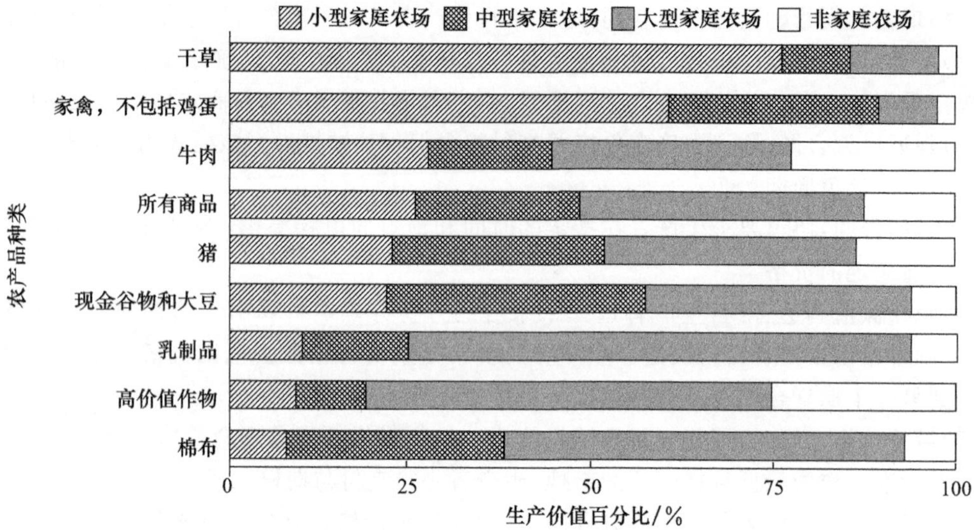

图 3.2　2017 年美国不同类型农场生产价值分布(资料来自 USDA)

美国的牧草除了出口和本国销售外,还进行必要的储备。根据美国农业部 NASS 作物生产及 ERS 的计算数据,如图 3.3 所示,从 1950—2018 年,每一年的 5 月 1 日和 12 月 1 日公布美国干草库存情况,冬季的消耗导致 5 月的库存量较少,12 月的库存较大主要是因为新牧草的收获补充。

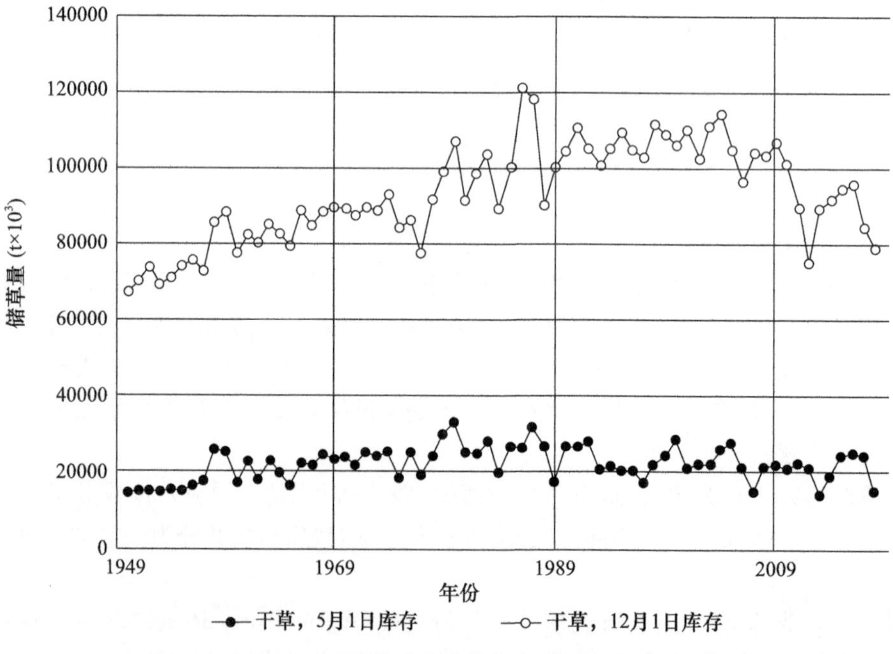

图 3.3　美国 1950—2018 年每年储草量(资料来自 USDA)

据美国农业部 NASS 农产品价格数据,美国干草从 1866 年开始每年统计干草的平均价格,直到 1949 年的 1 月开始每月公布干草平均价格,其中包括苜蓿干草和全草的产量、价格及种植面积。同时 AMS 每周会发布美国各地干草拍卖会价格、干草报告及干草摘要，内容包括干草价格、干草价格范围、干草类型、包装类型、周成交量、历史同期成交量和干草价格预测等。公开透明的成交量和有据可查的价格，不但形成了美国草产品的价格行情，而且为开展期货交易奠定了坚实的基础。同时，百年的数据记录也为相关的研究提供了数据保障，借助大数据分析技术能够更为精确地预测未来的各项走势，方便 USDA 制定指导生产的政策。

干草报告的信息来自拍卖市场和本地市场两个渠道：拍卖数据来自 7 个干草拍卖市场，分别是科西嘉岛 Dakota 干草拍卖市场、宾夕法尼亚州 Kirkwood 农产品拍卖市场、明尼苏达州 Pipestone 干草及稻草拍卖市场、爱荷华州 Rock Valley 干草拍卖市场、怀俄明州谷视频互联网干草拍卖市场、宾夕法尼亚州纽荷兰的 Wolgemuth 干草拍卖市场及宾夕法尼亚州莱奥拉的 Wolgemuth 干草拍卖市场；本地市场数据由 18 州的市场记者每周上报。

3.2.1 美国草产品国内交易

据 USDA 发布的 2015—2017 年多元化家庭农场报告数据，美国农业生产分布因商品和农场规模而异。2015 年，99%的美国农场是家庭农场，主要经营者和他的亲属拥有大部分业务。农场年现金总收入(Gross Cash Farm Income，GCFI)低于 35 万美元的小型家庭农场约占美国农场的 90%，占农田总面积的一半，占总产值的 25%。GCFI 高于 35 万美元的中型和大型家庭农场仅占美国农场的 9%，但贡献了大部分生产价值(65%)。1992—2017 年，生产主力已转向中型和大型农场。尽管如此，2015 年小型家庭农场生产的家禽(57%)和干草(52%)两种商品仍占有相对较大的份额。到 2017 年家庭农场数量占比 98%，小型家庭农场占美国所有农场的 89%，占美国农业生产的 26%，小型家庭农场生产了大部分的干草(76%)和家禽(60%)。相比之下，大型家庭农场约占所有农场的 3%，占总产量的 39%。GCFI 在 100 万美元以上的大型家庭农场主要生产了乳制品(68%)、高价值作物 (56%)和棉花(55%)。GCFI 在 35 万美元至 100 万美元之间的中型家庭农场合计约占所有农场的 6%，占总产量的 23%，贡献了大量现金谷物和大豆(36%)、棉花(30%)和家禽(29%)。非家庭农场更专注养殖和高价值作物生产。

美国内贸草产品交易基本都是本地交易或者就近交易。田纳西大学安德鲁·格里菲斯认为，干草是一种区域性产品，由于其价值相对较低，通常不会长途运输。干草质量越高，运输越远。最主要的交易形式有订单交易和拍卖交易两种。

订单交易是草产品生产方与本地或者邻近地区乳肉生产牧场签订作物种植合同，按合同要求优先满足牧场所需。伊利诺伊大学 Travis Meeter 把牧场购买牧草和自己生产牧草的成本进行了对比，自己种植比购买干草的机会成本高出许多。对于牧场来讲，购买草产品是更好的选择。根据 Jeffrey Gillespie 等人的研究，购买牧草的比例大大超过了自己种植青贮玉米和储存干草的种植量，这种现象在西部的几个州更加突出。订单交易在线下交易中广泛应用，但未能形成价格影响力，交易往往参考 USDA 指导价格。

干草拍卖交易活动必须由拍卖师主持，拍卖师必须毕业于全国拍卖师协会承认的拍卖学校，取得拍卖师执照，还要有政府官员或所在州律师的证明或拍卖师的介绍信才能从事拍卖业务。干草拍卖市场交易、专业拍卖平台的干草拍卖交易、当地公司建设的拍卖平台上的干草拍卖交易、牲畜拍卖平台也会同时从事干草拍卖的业务，农场通过互联网销售、利用社交软件及在线视频网站交易。这些拍卖有的是在线上进行的、有的是在线下进行的，甚至有的拍卖会还会进行互联网拍卖直播。支付方式多为现金和支票。从美国AG直播拍卖市场的委托人及买家分布中，不难发现拍卖模式在美国国内干草交易中扮演着重要角色。美国干草拍卖价格除了要进行公示外，还要按时以州、县或者市场为单位上报USDA，一般每周上报一次，AMS干草报道每周对外更新各州干草价格及预测。干草拍卖市场形成了连续、公开、权威且具有一定预见性的价格，具备价格发现模式的雏形，为未来期货发展奠定了基础。

通过互联网爬虫数据收集到的60家从事干草拍卖业务的市场情况显示(表3.2)，拍卖市场自东向西依次为：弗吉尼亚州1家占1.67%，宾夕法尼亚州2家占3.33%，俄亥俄州4家占6.67%，密歇根州6家占10.00%，印第安纳州2家占3.33%，伊利诺伊州3家占5.00%，威斯康星州8家占13.33%，爱荷华州8家占13.33%，明尼苏达州13家占21.67%，堪萨斯州1家占1.67%，内布拉斯加州1家占1.67%，南达科他州7家占11.67%，怀俄明州2家占3.33%，科罗拉多州2家占3.33%。从以上分布分析总结，60家干草拍卖市场集中分布在美国的乳畜带、玉米带附近，个别分布在临近的混合农业区、小麦区和畜牧灌溉农业区。拍卖市场集中的这个区域正是美国牧草内部需求最旺盛的区域，从侧面说明拍卖交易是美国草产品内贸的主要交易形式。从拍卖市场分布中还可以发现，美国西部和南部的华盛顿、俄勒冈、加利福尼亚、新墨西哥、德克萨斯等地区没有线上或者线下的干草拍卖市场，更多的是小型的线下批发零售市场和牧草供求信息网站。这可能与该地区是否为美国主要的出口牧草产区有关。

表3.2 美国涉及干草拍卖市场统计

干草拍卖市场	所在州	城市	各州占市场总数百分比/%
中西部干草和稻草拍卖会1	爱荷华州	莫里斯	13.33
贝壳岩干草拍卖		壳石	
戴尔斯维尔销售股份有限公司		戴尔斯维尔	
阿特金森堡干草		阿特金森堡	
福克斯拍卖公司		梅森城	
埃奇伍德牲畜委员会		埃奇伍德	
克雷斯顿牲畜拍卖		克雷斯顿	
岩石谷干草拍卖公司		岩石谷	
沃格默斯拍卖	宾夕法尼亚州	莱奥拉	3.33
米德尔堡牲畜拍卖		米德尔堡	
希望山拍卖会	俄亥俄州	希望山	6.67
约德与弗雷农场机械		阿奇博尔德	
基德隆拍卖		苹果溪	
布卢明格罗夫拍卖股份有限公司		希洛	
泰和海拍卖服务公司	弗吉尼亚州	落基山	1.67
高平原干草交易所	怀俄明州	托灵顿	3.33
山谷视频和互联网干草拍卖		托灵顿	

续表

干草拍卖市场	所在州	城市	各州占市场总数百分比/%
富兰克林县拍卖会	堪萨斯州	普林斯顿	1.67
百年牲畜拍卖	科罗拉多州	柯林斯堡	3.33
牲畜交易所有限责任公司		布拉什	
邓迪拍卖服务及销售谷仓	密歇根州	邓迪	10.00
希尔斯代尔拍卖		希尔斯代尔	
敖德萨湖牲畜拍卖		奥德萨湖	
盖尔农场服务		威廉斯顿	
拿破仑畜牧有限公司		杰克逊	
拉文纳拍卖有限责任公司		拉文纳	
中美洲拍卖公司 1	明尼苏达州	郎普雷里	21.67
中美洲拍卖公司 2		索克森特	
斯特弗斯集团有限公司		利奇菲尔德	
格林拍卖股份有限公司		普雷斯顿	
博斯特罗姆拍卖		伊桑蒂	
派普斯顿牲畜拍卖市场		派普斯顿	
伦迪恩拍卖与评估公司		科卡托	
福格蒂拍卖服务		霍华德湖	
家园销售股份有限公司		哈钦森	
科克霍夫拍卖及房地产		雷德伍德福尔斯	
海德堡农场设备有限责任公司		松城	
中东部牲畜拍卖		莫拉	
达雷尔·雷尼埃拍卖公司		坎比	
中西部干草和稻草拍卖会 2	南达科他州	阿尔塞斯特	13.33
美国农业视频拍卖		贝尔福尔切	
米切尔牲畜拍卖公司		米切尔	
马格内斯牲畜市场		休伦	
温纳畜牧拍卖有限公司		温纳	
长角牛视频拍卖集团		皮埃蒙特	
达科他干草拍卖会		科西嘉岛	
诺瓦克拍卖服务	内布拉斯加州	多切斯特	1.67

续表

干草拍卖市场	所在州	城市	各州占市场总数百分比/%
Slack 拍卖与房地产 1	威斯康星州	兰开斯特	13.33
Slack 拍卖与房地产 2		芬尼莫尔	
亚当斯拍卖及房地产		普雷里杜希恩	
芬尼莫尔牲畜交易所		芬尼莫尔	
威斯康星 B&M 拍卖行		布朗敦	
卡尔·沙弗拍卖行		布罗德海德	
优质牲畜和拍卖有限责任公司		韦蒂	
股权牲畜拍卖		里德斯维尔	
汉密尔顿的麦迪逊县农业拍卖会	伊利诺伊州	贝塔尔托	5.00
里尔牲畜中心		康格维尔	
亚瑟·萨尔谷仓		亚瑟	
米德尔伯里干草拍卖会	印第安纳州	米德尔伯里	3.33
托皮卡牲畜拍卖		托皮卡	

注:资料来自互联网。

位于爱荷华州苏市以北的岩石谷干草拍卖公司,已经销售干草和稻草超过 70 年,平均每年销售 4500 个车次的干草,交易品种有苜蓿干草、牧场干草、玉米秸秆、混合草及稻草。这个市场每周四都会在碎石停车场上进行拍卖交易,依次拍卖,价高者得,持续1～2 个小时。每年 11 月到次年 4 月还会增加周一的场次,成交价格会发布到市场的网站,拍卖市场提供货运服务,可与全国范围内的许多货运公司和经纪人合作。通常有检查报告会卖到更好的价格,提前得到准确的重量也会减少很多麻烦。爱荷华州的阿特金森堡干草拍卖市场也是一个大型干草拍卖市场,每周三都会举行干草拍卖交易,同时提供草产品仓储服务;福克斯拍卖公司位于爱荷华州梅森市,每月举行两次干草拍卖会,可提供大型包装设备,同时还提供农场房屋、土地及设备的拍卖服务;派普斯顿牲畜拍卖市场除了进行乳制品、牲畜的拍卖以外,还同时开展干草拍卖业务;Atascadero Hay and Feed 企业通过互联网展示农场生产的干草,并通过互联网找到买家;斯特弗斯集团在北达科他州、明尼苏达州、爱荷华州、南达科他州及内布拉斯加州都有办公机构,除了干草拍卖外,还进行农资、土地及房屋等的拍卖交易;除了以上线上线下的拍卖市场外,美国也有专门的电商平台提供草产品供求信息,Internet Hay Exchange 就是一个专门从事干草交易的电子商务站点,通过干草供求信息和交通信息发布、查询等功能,介绍买卖双方进行草交易。

3.2.2 美国草产品国际贸易

国际草产品交易主要由美国国家干草协会(National Hay Association,NHA)及下属的美国牧草出口协会(United States Forage Export Council,USFEC)和他们的会员企业共同推进。据 USFEC 最新的数据,美国牧草出口行业的全球影响力巨大,将美国西海岸 7 个州的家庭农场对接到世界各牧草需求国的牧场。USFEC 有 33 家会员企业开展牧草出口业务,出口量占美国牧草总出口量的 3/4。USFEC 一直与农业运输联盟(Agriculture Transportation

Coalition，AgTC）合作，为出口牧草提供便利、可靠、价格合理的运输保障。牧草出口加工商与种植者密切合作，以确保质量和安全。出口牧草的种类和规格较多，一般根据营养价值、颜色、茎和叶片大小划分不同的类别。出口牧草采用专门设备进行压缩，并根据不同品种进行调整。

出口到日本的美国牧草占总出口量的一半左右，除苜蓿外，日本的奶牛场和养牛场还会购买稻草和其他干草；韩国进口美国牧草量占总量的1/4左右；阿联酋是近几年进口量快速增长的牧草需求国，该国的牛、马、羊和骆驼需要大量的牧草；USFEC通过外国农业服务局（Foreign Agricultural Service，FAS）的农产品贸易促进计划成功地开发了中国的苜蓿干草市场。中国的大型现代化牧场主要从美国采购苜蓿干草饲喂奶牛。中美贸易摩擦后，由于关税政策的变化，美国对华苜蓿出口量下降。USFEC正与美国农业部合作开发中国和中东国家的非苜蓿干草市场准入体系。

从表3.3美国草产品出口公司的调查情况发现，亚洲大型需草国通过直接投资、合资等形式积极参与美国草产品市场，典型代表就是阿联酋和日本。我国也在朝这个方向努力，且目前效果良好。大型美国牧草出口商具备全产业链控制能力，生产、加工、仓储、运输及销售全部控制，可做到草产品全程溯源。

表3.3　美国主要牧草生产及出口企业统计

公司名称	商业活动	所在地区及产品	流通能力
Ag West International LLC	加工（二次压捆）、种植、采购、出口	公司位于华盛顿地区，西北部各州农场自己生产及收购苜蓿、蒂莫西干草、玉米、早熟禾、燕麦、全混合日粮（TMR）、稻草	自有货运公司Calaway Consolidated Transport
Agrex Inc.	采购、种植、出口	干草项目位于华盛顿地区，产品为苜蓿、蒂莫西干草、麦秸、燕麦、豆粕、甜菜浆颗粒、菜籽粕、棉籽、玉米蛋白粉、干酒糟、脱水苜蓿颗粒、粮食作物等	可提供卡车、铁路、集装箱、驳船和船只等几乎所有运输方式
Al Dahra ACX，Inc.	采购、加工、种植、出口，牧草出口贸易为主	总部位于加利福尼亚州，在西海岸有3个加工出口仓库，东海岸有一个仓库，产品为苜蓿干草、蒂莫西干草、黑麦、羊茅、苏丹草、燕麦干草、百慕大草干草和秸秆产品	具备货运及航运能力，有4个港口仓库 ACX母公司拥有多家跨国牧草企业，包括西班牙Al Dahra Fagavi、意大利Al Dahra Bio Agri、南非Al Dahra Agriculture South Africa
Anderson Hay & Grain Co.，Ltd.	采购、加工、出口	位于华盛顿地区、俄勒冈州，产品为蒂莫西干草、苜蓿干草、草秸秆	提供到达港口的物流配送
Border Valley Trading Ltd.	采购、加工、出口	位于加利福尼亚州，拥有两个加工设施，依靠与位于加利福尼亚州、亚利桑那州、内华达州、爱达荷州和俄勒冈州南部的农民建立长期合作关系，产品为苜蓿、苏丹草、百慕大草、克莱因草	天然气运输车队

续表

公司名称	商业活动	所在地区及产品	流通能力
Bossco Trading, LLC	运输、采购、加工、出口	负责俄勒冈州部分家庭农场的秸秆牧草收获、打包、质量控制、捆包、装载、运输、存储、库存、分级、二次加压和交付出口	自有货运公司
Bounds Hay Calaway Trading, Inc.	采购、加工、出口	在华盛顿地区、俄勒冈州、爱达荷州和加利福尼亚州等西部地区采购干草等	与 Tacoma Transload 合作，确保可以从 3 个加工设施运输到港口，以满足船舶航行停运
Eckenberg Farms, Inc.	采购、加工、种植、出口	位于华盛顿地区，产品为苜蓿干草、蒂莫西干草	与 Diamond E Transport 合作，满足运输需求
Eight Star Commodities	采购、加工、种植、出口	产品为紫花苜蓿干草、百慕大草和稻草、燕麦干草、苏丹干草、定制混合饲料	—
ElToro Export, LLC	采购、加工、出口	位于加利福尼亚州和俄勒冈州，产品为苜蓿干草、苏丹草干草、百慕大草干草、克莱恩草干草、百慕大草秸秆、羊茅草、黑麦草秸秆、果园秸秆等	自营货运公司 El Toro Export 负责到港口的运输
GFI Hay Processing	采购、加工、出口	华盛顿地区和俄勒冈州，产品为苜蓿干草、蒂莫西干草、干酒糟、豆粕、菜籽粕等	子公司 Valcom Inc. 管理货运业务
Golden Valley Farms, LLC	采购、种植、加工、出口	位于俄勒冈州，产品为压缩干草	—
GombosCompany, LLC	采购、加工，与 ACX 合作出口	位于美国西部、加拿大和墨西哥，产品为紫花苜蓿干草、蒂莫西干草、黑麦干草、稻草	有运输能力，通过 Orient Overseas （International） Ltd. 航运出口海外
HayDay Farms, Inc.	采购、加工、出口	位于加利福尼亚州，产品为苏丹草、苜蓿、燕麦草、蒂莫西干草、百慕大草、克莱恩草	具备运输能力
Kuhn Hay Co.	采购、加工、种植、出口	总部位于加利福尼亚州，把美国西南部和墨西哥的苏丹草、苜蓿、燕麦草、黑麦草、百慕大草、克莱恩草压缩后售卖	具备大型现代化运输能力，直达港口
Larsen Farms Hay Terminal, LLC	种植、加工、出口	位于爱达荷州，产品为苜蓿干草、秸秆	—
No. 9 Hay LLC	采购、加工、出口	位于华盛顿地区，产品为蒂莫西干草和苜蓿干草	—
Oregon Hay Products, Inc.	采购、加工（USDA 有机加工商）、出口	位于俄勒冈州美国西海岸，产品为苜蓿、蒂莫西干草、黑麦草、早熟禾、燕麦草、苏丹草、百慕大草等	利用卡车和铁路的组合运送干草到港口
OR/PAC Feed and Forage, Ltd.	—	位于俄勒冈州	—

续表

公司名称	商业活动	所在地区及产品	流通能力
Quality Trading Co.，LLC	采购、加工、出口	位于俄勒冈州，产品为多年生黑麦草、高羊茅、鸭茅等	—
Sage Hill Northwest，Inc.	采购、加工、种植、出口	位于华盛顿地区和加利福尼亚州，产品为紫花苜蓿、蒂莫西干草、燕麦干草、早熟禾	—
Standlee Hay Company，Inc.	采购、加工、种植、出口	位于爱达荷州，产品为紫花苜蓿、蒂莫西干草、果园草	卡车运输
Steffen Hay Inc.	采购、加工、种植、出口	位于俄勒冈州，产品为苜蓿干草	—
Sunrise Trading Inc.	采购、出口	位于加利福尼亚州	—
Superior Export Co.，LLC	采购、出口	位于加利福尼亚州	—
Triple I Press，LLC	采购、种植、加工、出口	产品为紫花苜蓿干草、稻草、苏丹草干草、百慕大草、克莱恩草、黑麦草	自有运输能力
Valley Hay Co.，LLC	采购、加工、出口	位于俄勒冈州，产品为苜蓿干草、其他干草	—
Ward Rugh，Inc.	采购、加工、出口	位于华盛顿地区，产品为紫花苜蓿、蒂莫西干草、燕麦干草、苏丹草、果园草	具备运输能力
Wesco International，Inc.	采购、加工、出口	位于华盛顿地区，产品为紫花苜蓿、蒂莫西、燕麦干草、苏丹草、果园草	—
Whitby Ag Enterprises LLC	采购、种植、加工、出口	位于华盛顿，产品为蒂莫西干草、紫花苜蓿、早熟禾、果园草、秸秆	自有货运 Whitby Trucking LLC负责运输
Wilbur-Ellis Company	—	产品为苏丹干草、克莱恩干草、百慕大干草、紫花苜蓿干草、燕麦干草、苏丹稻草、蒂莫西干草	—
Zen-Noh Hay，Inc.	采购、加工、出口	位于华盛顿地区，产品为紫花苜蓿、蒂莫西干草、苏丹干草、百慕大草、克莱恩干草、蓝草、羊茅草、黑麦草秸秆、玉米秸秆、麦秸、棉籽、苜蓿颗粒	具备运输能力
Bailey Farms	采购、运输、加工、出口	位于犹他州，产品为紫花苜蓿、蒂莫西	铁路、卡车、航运、目的国合作运输
Top Hay LLC	采购、种植、加工、出口	位于加利福尼亚州，产品为苜蓿	—
Hay Kingdom	采购、种植、加工、出口	位于内华达州、俄勒冈州、加利福尼亚州、华盛顿地区，产品为紫花苜蓿、蒂莫西干草、苏丹干草、百慕大草、果园草、克莱恩干草、蓝草、羊茅草、黑麦草、燕麦、麦秸、苜蓿颗粒	—

续表

公司名称	商业活动	所在地区及产品	流通能力
Harbor green grain l. p	采购、加工、出口	位于加利福尼亚州，产品为苜蓿	—
PSW HAY LLC.	采购、加工、出口	位于加利福尼亚州，产品为苜蓿	—
Newport HDR	采购、种植、加工、出口	位于加利福尼亚州、亚利桑那州，产品为苜蓿	—
Haasen Tara Feed Inc.	种植、加工、出口	位于犹他州，产品为苜蓿草、燕麦草、甜菜粕、棉籽、脂肪粉	—
StoneWingsⅡ. LLC.	采购、加工、出口	位于加利福尼亚州、华盛顿地区，产品为苜蓿草、替牧草、苏丹草、百慕达草、燕麦干草、克莱因草等	—

注：资料来自 NHA、USFEC 官网及各公司及母公司官网，表格中未提及运输工具的企业同样提供船边交货或装运港船上交货服务，“—”表示无资料。

根据 Top Hay 公司总裁 Lisa Yang 的描述，美国牧草供应商出口模式主要有 3 种。

第一种是近港口(Port)模式，即从工厂到港口距离很短，牧草可以来自全美各地，这种模式的好处是可以覆盖不同产地的牧草，做到全年应季供应。

第二种是近田(Field)模式，加工厂设在牧草生产基地，生产加工零距离，不仅可以利用现有草地，还可以覆盖附近的牧场。该模式的优点是生产加工流程不需要物流运输，缺点是打包压缩好的牧草需要用货柜运到港口，但是货柜的流量是大问题，因此选址一定要考虑集装箱的集散地。

第三种是近交通线(Traffic Line)模式，既不靠近草场也不靠近港口，加工厂位于美国主要的交通线附近，但是需要很大的场地储存牧草。

在 2018 年加利福尼亚州苜蓿和牧草研讨会上 John Szczepanski 汇报，美国牧草 2018 年的出口额超过 10 亿美元，其中对中国出口额接近 4 亿美元，中美间的贸易摩擦导致对中国的牧草出口量呈现下降趋势。与此同时美国对日本、韩国的牧草贸易稳定，对沙特阿拉伯的牧草贸易快速发展，并积极申请 FAS 的农产品贸易促进计划开拓印度牧草市场，从而抵消与中国牧草贸易的降幅。西班牙和澳大利亚正在积极占领美国对中国的牧草出口市场。

美国是全球最大的牧草生产、加工及出口国，是需草国的主要合作伙伴。现代化的农业生产加工为持续提供高产、优质、标准且稳定的牧草提供保障。美国借助发达且低成本的交通网络与航运无缝对接，满足全球需草国需求。

但是，美国苜蓿干草和全草干草近年产量不断下降。首要原因是大量的玉米生产保险补贴吸引更多的牧草种植者改种玉米。目前全草种植面积呈下降趋势，苜蓿的种植面积减少的速度更是惊人。近年全球气候变化，美国西部持续干旱，牧草减产明显，同样会影响美国牧草产量。另外，近年来美国生物燃料产业迅速崛起，玉米、高粱等粮食和部分饲料作物被用于生产燃料乙醇，导致美国养殖企业饲草用量减少，美国牧草的出口量也会同样下降。

综合以上因素，美国牧草的出口量未来会持续下降，美国牧草目前依然是需草国的首选，但绝不应该是唯一选择。

3.3 饲料饲草大型进口国全球布局

全球范围内，大型需草国都分布于亚洲，导致需草国草产品短缺的情况有3种：第一种情况就是缺水，这种情况在中东地区的表现更为强烈；第二种情况是耕地面积小，为保障本国粮食安全，只能选择进口饲草，东亚的岛国正面临这个问题，典型的代表就是日本、韩国，我国台湾地区的情况与此类似；第三种情况是国土面积大，耕地面积少，且人口众多，人口平均占有水资源及耕地资源都十分有限，在巨大的肉食需求驱动下，养殖业爆炸式发展，急需大量饲草满足国内市场，典型代表就是中国。

3.3.1 阿联酋的饲料饲草布局

阿联酋所处的地理环境导致粮食大部分依赖进口，阿联酋国内耕地面积仅有32万公顷，农林业和畜牧业总产值仅占国内生产总值的2.4%（李睿恒，2017）。在保障粮食安全的路上，阿联酋同其他阿拉伯国家，尤其是海合会国家通力合作，找到一条适合自己的路——农业海外投资，也可以理解为建立从海外农场到本国港口的农产品供应链。国内港口兴建大型粮食仓储中转设施，覆盖全国，保证粮食供应。近年来，虽然有中国科学团队在阿联酋利用海水种植水稻取得成功，但目前依然处于实验阶段，未来可能会为阿联酋粮食安全提供更多选择。

在粮食安全方面，阿联酋Al Dahra集团和希腊的Loulis Mills公司，成立合资公司Etihad Mills，负责小麦、玉米和大米等谷物的战略储备，形成谷物仓储中心，拥有20个筒仓，谷物总储存量约为30万吨。谷物进口自北美洲、南美洲、欧洲和澳大利亚，谷物仓储主要用于海合会各成员国，多余的储量可覆盖印度次大陆、非洲及东亚。Al Dahra集团子公司Al Dahra埃及每年种植生产约5万吨小麦和2.5万吨玉米，又通过与Rudnap Agrar集团的合作，Al Dahra获得塞尔维亚约2000公顷土地的农业使用权。Al Dahra收购印度最大的碾米厂Kohinoor Foods Ltd，稻米年产能为20万吨，并且在阿布扎比哈利法工业区新建合资公司Al Dahra Kohinoor LLC，该公司负责管理一个综合碾米、储存和配送的工厂。该工厂目前是海湾地区规模最大的大米加工厂，年产能为6万吨大米，总交易量为10万吨。该工厂主要满足阿联酋市场的需求，同时还向沿海国家、非洲和欧洲供应大米。Al Dahra同时在巴基斯坦经营两家具有战略意义的碾米厂，年出口大米为15.5万吨，被认为是巴基斯坦最大的全自动化工厂。Al Dahra与沙特Al Olaibi集团成立合资公司“Al Dahra Saudi International”，这个位于利雅得的商业实体，主要业务是向沙特市场供应动物饲料、粮食和蔬果。Al Dahra通过收购希腊Loulis Mills公司股份的形式，获得年小麦面粉40万吨的生产能力，同时拥有8万吨小麦面粉的仓储能力；水果蔬菜通过Al Dahra分布在阿联酋、埃及、摩洛哥、纳米比亚及塞尔维亚的子公司完成；Al Dahra Dairy拥有1600头奶牛，每天生产36000升鲜奶，满足本国需求。

中东国家多为缺水国家，在严重缺水的形势下，近年来多数国家禁止耗水的农业种植，牧草在禁止之列，可国内的肉食需求和养殖需求又必须面对，迫于无奈只能全球寻找牧草。阿联酋的Al Dahra是Al Ain Holding下属子公司，除了投资美国最大干草饲料出口商ACX外，还投资了西班牙Fagavi和意大利Bio Agri两家大型的苜蓿出口公司，同时建立Al Dahra南非、Al Dahra埃及、Al Dahra沙特及Al Dahra香港等公司。

Al Dahra ACX是美国乃至北美重要的饲料出口公司，35年来，Al Dahra ACX一直保持其在国际饲料第一的出口地位。2015年，Al Dahra ACX因出口获得美国总统E奖。Al Dahra ACX已成为北美举足轻重的食品和饲料出口公司，产品包括紫花苜蓿、蒂莫西干草、苏丹草、燕麦干草、百慕大干草、其他干草、秸秆产品、全棉籽、干酒糟、甜菜浆颗粒和豆粕。该公司的苜蓿标准被视为美国苜蓿出口标准的标杆。除了具备牧草生产能力外，该公司牧草加工技术、仓储、运输能力也处于行业领先地位，年产牧草70万吨以上。该公司全美有4个近港口的加工仓库，产品可通过美国西海岸的3个港口及东海岸的1个港口出口，同时满足中东市场及东亚市场需求。

Al Dahra Fagavi是在收购和整合西班牙多个牧草企业后成立的。Al Dahra Fagavi被认为是西班牙最大的饲草加工、种植及出口商，产品包括紫花苜蓿、苜蓿混合物、黑麦草、羊茅和草颗粒。该公司的牧草包装技术行业领先。目前，该公司年产牧草超过37万吨。Al Dahra Fagavi拥有并经营位于Ivars、Linyola、Bellvís、Torregrossa和Bujaraloz的5个生产工厂，以及位于Vila-sana的一个配送中心，同时具备物流运输能力，与西班牙最大港口——巴塞罗那港建立长期合作关系。

Al Dahra Bio Agri具备年产50万吨饲草的能力，可提供脱水苜蓿、黑麦草、春季饲料、羊茅、燕麦干草和稻草。此外，它还提供各种牧草颗粒、甜菜浆、棉籽、黄玉米、干酒糟及稻壳颗粒，且这家公司的原有业务遍布中东及地中海周边地区。

Al Dahra南非负责南非市场的饲料采购和贸易工作。公司通过与南非饲料种植者和农业合作社的合作，短时间内就形成了每年5万吨的苜蓿出口能力。

Al Dahra埃及每年生产约5万吨苜蓿和青贮玉米，同时具备加工、运输、航运能力。Al Dahra巴基斯坦年产约5万吨罗德草，以种植业务为主。Al Dahra香港负责饲料商品全球采购。Al Dahra沙特国际公司是Al Dahra与沙特Al Olaibi集团共同成立的合资公司，主要负责沙特国内大型养殖企业的饲草饲料供应。

除了对粮食及牧草的生产、加工及仓储投资外，Al Dahra还参股了大型物流公司Agility Abu Dhabi，收购Tristar公司股权。目前该集团拥有可覆盖海、陆、空的高度专业化的仓储、运输和配送的基础设施和网络。Al Dahra美国、意大利和西班牙3家公司具备了强大的饲料饲草种植、加工及供应能力，加速Al Dahra集团牧草出口业务增长。该集团目前掌控国际牧草交易市场的能力甚至强过绝大多数国家。

Al Ain Holding创建人谢赫哈姆丹·本·扎耶德·阿勒纳哈扬正是阿联酋现任总统。从阿联酋饲料饲草的国际布局来看，Al Dahra通过投资、合资及收购等手段，开拓海外种植、加工、仓储及运输业务，完美地解决了缺水国家的饲料饲草供应问题，甚至控制了世界第二大饲草出口业务。

3.3.2 日本的饲料饲草布局

东亚岛国耕地缺少的特点，导致养殖业大量依赖进口饲料饲草。日本进口饲料饲草历史悠久，主要的进口国由最初的美国和加拿大逐渐增加。根据哈佛国际发展中心提供的经济复杂性图集数据显示，美国是日本最大的干草进口市场，1995年日本进口美国干草占干草总量的79.86%，之后有增有减，最低年份为2009年占比61.88%，到2016年占比72.83%；早期日本的第二大干草进口市场是加拿大，从1995年占比12.58%到2000年占比13.32%，之后被澳大利亚超越，变成第三大干草市场，到2016年占比仅5.74%；1995年澳大利亚对日本的牧草出口能力只有4.98%，之后逐年提高，到2000年超过了加拿大，成为日本第二大干草市场，到2009年占比达30.18%，到2016年占比20.05%。澳大利亚干草自此变成了日本的"干草备胎"，与美国干草轮流增减，美、澳干草占比一直在90%左右，形成了稳定的干草进口。我国干草在2000年前也曾对日出口，但占比很小，且供应时间较短。

除了干草，日本还大量进口草颗粒，加拿大和美国是日本主要的草颗粒市场，两国出口的草颗粒占日本草颗粒总进口量的98.63%，之后每年有增有减。之后比利时、法国、澳大利亚、西班牙、意大利、荷兰、智利、德国、新西兰、中国、尼日尔、坦桑尼亚、英国都曾对日出口草颗粒，但占比都不及美国和加拿大，直到2016年美国占比65.85%、法国占比11.34%、加拿大占比10.86%，法国变成第二大草颗粒对日出口国。

从日本干草及草颗粒进口的数据不难看出，全球化的视野对保障饲料饲草稳定进口很重要，不能过度依赖单一市场。

据麦肯锡公司的Lutz Goedde等人的《日本的粮食安全：在全球竞争时代制定战略》的报告指出，日本的粮食安全政策包括：

(1)将粮食安全定位为日本综合安全战略的核心。

(2)研究进口战略以及国内农业政策和储备。

(3)积极收集信息和外部见解，形成客观诊断及可行的措施。

(4)通过建立日本主导可相互依赖的关系来管理外部风险。

(5)让私营部门和日本社会参与粮食安全举措。

从报告了解到，国内生产、储存和进口是日本实现粮食安全的3种基本工具。可事实上，日本保护粮食安全除了基本工具还有其他手段。日本大型财团积极开展海外投资。日本保护粮食安全的海外投资手段包括：海外订单农业、联合经营、并购、土地购买和租赁。

美国Agrex Inc.(简称"Agrex")是日本三菱商事株式会社(简称"三菱商社")全资子公司。三菱商社的海外机构和办事处遍布全球90多个国家，为商社提供市场信息并寻找贸易机会。Agrex是一家提供全方位服务的农产品贸易公司。Agrex在三菱商社的"食品供应链管理"中发挥着重要作用，为下游零售活动提供上游生产。Agrex在全美有16个交易办公室，负责谷物、油籽等农作物的仓储、交易及转运服务，同时还有10个谷物电梯交易中心负责玉米、小麦、豆类等农作物的仓储、现金收储、期货交易及转运服务。在谷物电梯交易中心可进行电梯现金合同交易，包括基础合同、延迟付款合同、远期合同、套期保值到达合约、最低价格合同、提供合同及价格延迟(延迟价格)合同。商社积累了大量的谷物电梯交易经验和期货交易经验。Agrex在华盛顿地区有专门的干草加工厂，负责苜蓿、蒂莫西、麦秸、燕麦等干草的出口业务。

AC Grain是Agrex与Cargill的合资企业，负责玉米、大豆和小麦等谷物在美国国内、出口市场的仓储和销售；Dakota Plains Ag Center是Agrex和Cargill的合资企业，负责玉米、大豆和小麦等谷物的收储和运输等业务；Tronson Grain LLC是Agrex与Tronson Grain Company的合资企业，提供春小麦、冬小麦、硬粒小麦、麦芽大麦、饲料大麦、玉米、大豆、油菜、亚麻、燕麦、向日葵、斑豆和黑豆等农作物的收储及转运服务，同时提供肥料、种子及融资等服务；Pacificor LLC是一家合资企业的出口营销公司，由Gavilon、Archer Daniels Midland和Agrex Inc.组成，擅长包括大豆、玉米、高粱、硬粒小麦、大麦、硬红冬小麦、深色北方春小麦和软白小麦等农产品的本地采购和国际营销；Agrex Do Brazil每年处理约100万吨谷物商品；Agrex整合 Indiana Packers Corporation 猪肉公司，生产火腿、培根和猪肉产品，销往 25 个国家。将动物生产环节放在境外，再以动物产品的形式输回国内或国际销售，既可以减少本国的养殖污染，又通过他国专业的养殖技术，创造更高的价值。

美国 Zen-Noh Hay，Inc.（简称“ZHI”）是日本全农 Zen-Noh（简称“全农”）的全资子公司。全农供应链主要是向日本全国农业合作社联合会（JA 集团）提供安全稳定的优质原料。全农是 JA 集团的 5 个关键部门之一。虽然 ZHI 在整个 JA 集团中的作用相对较小，但其对日本饲草市场的影响却很大。ZHI 通过进入美国饲草市场，能够学习到美国先进的牧草生产加工技术，获得及时的市场信息，并在源头保障供应日本牧草的质量，保障日本饲料安全，逐渐形成一条包含种植、收购、加工、仓储和物流运输各环节且由日本主导的美国牧草供应链。全农通过签订长期合同及建立合资公司的方式加强与世界各地主要农业合作社的联系，在美国、加拿大、荷兰、法国、英国、泰国、巴西、澳大利亚、中国、新加坡、中国香港、中国台湾地区拥有 100 多家合作机构。

总结以上两家日本财团的海外投资，粮食、饲料和动物产品都有涉及，在世界范围内广泛投资或与当地生产者、合作社建立长期合作关系，甚至跟国际四大粮商合作，提高自身在粮食国际市场的影响力，进一步保障粮食安全。在保障粮食安全的同时，两个财团并没有忽略饲料安全的保障，控制美国饲料出口的企业都是 USDA、NHA 和 USFEC 认证的大型牧草出口企业。

3.3.3 沙特阿拉伯的饲料饲草布局

沙特阿拉伯国土面积约 215 万平方千米，沙漠面积约 86 万平方千米，是全球第二大沙漠国家。耕地面积约 345 万公顷，占土地面积的 1.6%。永久性草地约 378.5 万公顷，占土地面积的 1.9%。同时，沙特阿拉伯还是世界第一大麦进口国。

沙特阿拉伯与阿联酋同属海合会国家，语言和宗教相同，经济结构相似，缺水干旱、粮食自给率低、农产品大量依赖进口等问题表现突出。海合会国家遇到的粮食问题同样困扰着其他阿拉伯国家。

为了解决粮食问题，沙特阿拉伯从 20 世纪 70 年代开始利用抽取地下水、沙漠造田、淡化海水及兴修水利的方式发展农业。耕地面积及粮食自给率明显提高，小麦、玉米、土豆和苜蓿种植迅速发展。为了鼓励农民种植，沙特政府每年都要发放大量种植补贴。沙特的石油美元经济可以承受高成本的农业发展，但地下水这种不可再生资源的迅速减少，再一次把大量沙漠改良耕地变成了荒漠。随着人口的增加，2008 年沙特放弃了大规模灌溉小麦生产，这种持续了 30 年的自给自足的方式不再适应粮食需求的发展。

在 2005 年的阿尔及利亚峰会上，阿拉伯国家决定由阿拉伯农业开发组织（Arab Organization for Agricultural Development，AOAD）牵头，由各国农业部部长共同起草《阿拉伯农业可持续发展战略（2005—2025 年）》。制定这个战略的目的是保障阿拉伯国家的粮食安全，加强阿拉伯国家在国际农产品市场上的话语权。2007 年在利雅得峰会上该发展战略获得通过（陈杰，2009），并确定分阶段实施此战略。

2006 年，受欧美国家发展生物燃料的影响，国际粮价大涨，并在 2008 年形成了影响全球的粮食危机。各国政府利用不同政策化解危机，之后各国更加重视粮食安全。2009 年沙特国王阿卜杜拉要求沙特实施海外农业投资计划，初期投资周边国家，后再扩展到邻近国家，最终形成全球投资的局面。农业投资的重点就是鼓励本国财团和大型投资机构到境外租赁或者购买农田，进而利用当地资源开展农业生产，并将产品直接运回沙特或阿拉伯国家的港口储存或中转，保障沙特粮食安全(李洋，2011)。沙特投资前要考察被投资国的政治经济环境及社会人文环境，投资中要均衡投资利益和被投资国家及国民的利益，投资后还要谨慎地处理与被投资国家间的关系，才能保证投资盈利和本国粮食安全。除此之外，沙特政府还积极发展临近大型粮食出口国的关系，在粮食贸易层面保障本国粮食安全。印度为海合会国家提供稳定的粮食出口，海合会国家也为印度的石油及天然气进口做好保障工作。粮食安全也与阿拉伯国家基于 AOAD 的通力合作分不开。例如，沙特国内的饲料饲草供应由阿联酋 Al Dahra 负责，沙特 Al Olaibi 公司负责物流运输。沙特大型动物产品和饲料生产企业 ACOLID 的大股东均来自阿拉伯国家，且持股均衡。该公司的使命就是加强泛阿拉伯经济合作，推动阿拉伯粮食安全计划实施。总之，这种互相依存、共同发展、平等互利的粮食安全模式也值得我国借鉴。

第四章　我国农产品交易、草产品生产交易及我国饲草全球布局

我国农产品供应链同样包括生产商、贸易商和零售商。农产品交易可分为现货交易、远期交易和期货交易(陈建华,2008)。现货交易就是买卖双方实物交割、钱货两清、价格协商、风险均担的交易模式。现货交易模式是我国农产品市场的主要交易模式,该模式广泛存在于批发环节和零售环节,包括对手交易和拍卖交易。远期交易是买卖双方签订远期合同,然后按约定时间进行实物交割的商品买卖形式。远期交易是在现货交易过程中逐渐发展起来的一种高级模式,是现货交易向期货交易发展过程中的过渡类型,订单农业就是远期交易的典型代表,期货交易是指在期货交易所买卖标准化的期货合约而进行的一种有组织的交易形式,是现货交易通过远期交易发展到的高阶模式,买卖期货合约的主要目的就是为了规避现货价格波动带来的风险。

我国农产品的主要交易形式有以下几种:农民直接销售、大户销售、合作社销售、专业市场销售、公司销售及互联网销售。农民直接销售多为本地销售,优点是自产自销、模式灵活、收益可观,缺点是规模小、不稳定、易受季节因素影响、管理困难;大户模式的优点是综合实力强于农户,对接能力大大提升,适应性强、产品丰富、供货稳定,具备一定抵御风险的能力,缺点是把握信息、预知风险及销售的能力有待提升;合作社与农民间是利益均沾和风险共担的关系,优点是帮助农户对接市场,降低风险,通过合作提升供应量、保证质量、降低成本,缺点是专业人才缺乏、资金短缺问题严重及法务问题处理困难等;专业市场销售的优点是销售集中且量大,具备一定的物流、仓储及加工能力,信息对称性提高,有效解决农产品生产分散性、地区性、季节性与农产品需求集中性、全国性、常年性的矛盾问题,缺点是市场管理矛盾突出,相关法律法规不健全,市场信息透明度低,管理混乱,价格形成机制失灵;销售公司模式可以理解为更加专业的合作社公司模式,优点是有效解决农户与大市场的对接问题,销售能力强,具备对市场分析预判的能力,同时擅长供应链上下游协调,有利于形成产业优势,缺点是公司与农户间的合同违约问题突出,缺乏相关法律法规约束,且地方行政干预较多;互联网销售是近年来出现的新型农产品销售方式,优点是扩大市场迅速、销售受时空限制小、销售成本低等,缺点是受网络普及问题和农户知识层次水平问题影响,目前农户参与度较低,合作社、专业市场及销售公司参与度逐渐提高。

4.1　农产品现货交易

我国农产品现货销售以传统批发市场销售模式为主,产地批发市场和销地批发市场在供求双方间扮演重要角色。近年来,由于合同农业、合作社农业及网络销售的快速发展,现货交易比例略有下降,但仍然是一种重要的交易形式。

我国现货交易经历了传统批发市场、电子商务网站及现货电子交易 3 个阶段。

(1)改革开放初期计划经济转型市场经济,伴随着市场开放,各产业的需求增加,大宗商品需求量迅速攀升。因此,在一些原材料主产区和经济发达的地区形成了若干大宗商品交易市场,并最终形成了大宗商品的批发市场。批发市场由批发商、贸易商和代理商主导。批发市场分为产地批发市场和销地批发市场。农产品产地市场交易主体是农户、经销企业、贩运商、农村经纪人、农民合作社等,主要的交易模式有 3 种:“农户+收购商”一般采取收购商与农户就农产品收购价格达成一致后现金交易的方式进行;“农户+中间商+收购商”是通过贩运商或农村经纪人充当大型收购商的代理者赚取中间代理费用的模式;“农户+农民合作社+收购商”是以农民合作社作为农民生产经营合作组织,在生产阶段指导、协助社员进行农产品生产,在销售阶段统一收购社员所产农产品后再直接销售至下游市场或转售给其他收购商。3 种交易关系中,“农户+收购商”的交易关系最为常见。销地市场是指设在大、中城市和小城镇的农产品销售市场,其市场还可再分为销地零售市场和销地批发市场。销地零售市场广泛存在于大、中、小城市及城镇;销地批发市场集中在交通更加便利的大、中城市,购买对象一般是农产品零售商、饭店、企(事)业单位、机关食堂。销地市场的主要职能是把经过集中、初步加工和储运等环节的农产品销售给消费者。

(2)20 世纪 90 年代随着互联网的兴起,电子商务的模式被广泛应用到大宗商品交易中,大宗商品交易网站逐渐兴起并替代了传统市场的功能和作用。企业通过公开的电子商务网站发布自己的购销需求,提供商品价格、数量、质量、所在地等信息,其他企业通过网站与挂牌企业进行沟通并完成交易。传统的大宗商品交易行为都可以通过互联网网站完成,再结合线下的物流配送,完成了全部的商品贸易过程。电子商务网站的交易方式提高了中小经济体的竞争能力,减少了中间环节,降低成本,提高效率,快速扩大市场,不受时间与空间的限制,供销双方直接对接、信息资源共享及有效规避债务纠纷。但是,大宗交易支付受限、银行对接困难、资源分散、报价混乱、物流仓储环节滞后等问题制约农产品电子商务交易发展。我国农产品电子商务发展经历了 3 个阶段:第一个阶段是电子商情阶段,信息发布是该阶段的主要内容,让供求双方及时获得市场信息;第二个阶段是网上撮合阶段,该阶段电商平台主要作用就是连接供求双方;第三个阶段是电子交易阶段,将电子交易集信息展示、行情分析、市场资讯、线上交易、在线支付、资金结算、仓储物流等于一体(王群,2015)。

(3)近几年,伴随着我国经济的高速增长,计算机及互联网技术也在迅猛发展,信息化时代的红利已经浸入各个领域,同样也包括大宗商品交易领域。以往的市场模式已经很难满足当前大宗商品交易高流动性的需求。为此,通过现代的信息技术与电子商务,逐步衍生出了现代的大宗商品电子交易市场。

4.2 农产品订单交易

订单农业又称合同农业或契约农业,是农户根据与农产品需求方签订合同,组织农产品生产的一种农业产销模式。我国合同农业开始于 20 世纪 80 年代中后期,目前已经成为遍布全国的农业生产经营模式。合同农业可以定义为根据买方和农民之间的协议进行的农业生产,这为农产品的生产和营销创造了条件。买卖双方都事先就农产品的生产和销售条款及条件达成一致,这些条件通常规定了向农民支付的价格、买方要求的产品数量和质量,以及交付给买方的日期。

我国通过农业经营实践形成了多种订单农业运行模式，如由龙头企业拉动，农户或农场与农业产业化龙头企业或加工企业签订农产品购销合同，依托龙头企业或加工企业发展订单农业的“农户＋龙头企业”模式；由市场带动，农户或农场与专业批发市场签订合同，依托大市场发展订单农业的“农户＋专业批发市场”模式；由合作经济组织推动，农户或农场与专业合作经济组织、专业协会签订合同，发展订单农业的“农户＋专业合作经济组织”模式；还有“农户＋合作社＋公司”和“农户＋基地＋公司”模式等，通过合同促成了农户与大市场的对接。

“公司＋农户”是我国订单农业的主导模式（胡新艳，2009），包含 3 种表现形式：一是市场交易形式，农户随行就市将农产品卖给公司，公司一次性收购，不签订合同，自由买卖；二是完全一体化形式，即公司与农户全方位连接，将农户生产活动转化为公司的经营车间，生产决策权完全由企业掌控；三是公司与农户保持各自独立主体地位，通过签约双方建立固定供销关系的经营模式。

对于生产者来说，订单农业的优势包括：订单农业增强了小规模农业的竞争力，同时小农户可以获得技术、信贷、营销渠道及价格市场信息支持，且交易成本降低；生产前就明确了农产品未来的市场，未来的营销和交易成本大大降低，同时销售风险降低；合同农业可以帮助小农户开辟之前无法进入的新市场；合同农业还确保农户高质量产品的生产，同时确保农户获得现金、生产资料和技术指导支持；在农产品加工水平上，确保了适时、低成本的优质农产品供应。

对于投资方来说，订单农业的优势包括：在加工水平不变的情况下，合同可确保农产品质量、固定价格和按时交货；对农业活动进行直接的私人投资；固定价格由生产者和企业之间的协商完成；农民在条款和条件下以有保证的价格签订合同开始生产。

4.3 农产品合作社交易

改革开放以来，农业合作社在农产品交易市场扮演着重要角色，是家庭承包责任制下“小农业”对接市场经济“大市场”的有效途径。发展农业合作社，通过合作提高生产力、降低生产成本、形成合作集中优势，进而提高农民收入水平，建立农产品品牌效应，提升地区产业规模。我国农民合作社以种养业为主，种植业比重持续扩大，其中粮食类合作社增幅显著，达 38.9％。“十二五”后期，种植业合作社占比 53.2％、畜牧业合作社占比 24.3％、服务业合作社占比 8.1％、林业合作社占比 5.9％、渔业合作社占比 3.4％、其他类合作社占比 5.1％（杨霞等，2016）。自 2007 年实施《农民专业合作社法》以来，我国农业合作社全面发展，以大户带头、龙头企业带动、政府带动等模式均取得不错的成绩。2017 年是我国《农民专业合作社法》颁布实施的第 10 个年头。10 年来我国农民合作社数量不断增长，截至 2017 年全国依法登记农民合作社 196.9 万家，是 10 年前的 76 倍，2012—2017 年合作社数量年均增速高达 37.2％。农民合作社的服务领域不断拓宽，各类农民合作社生产经营涵盖了农业生产的产前、产中和产后各阶段，连接了农业经营的收购、营销、储运各环节（彭超 等，2018）。我国合作社带动农民增收效果明显，粮油、蔬菜水果、畜禽等行业合作社发展较好。我国合作社为农民提供生产资料购买、农产品销售、农产品加工、农业技术培训、农产品物流仓储及农产品保险等服务。另外，我国农民合作社通过电商进行农产品销售积极性提高，参与度逐年上升。合作社利用互联网和现代金融服务农业生产的案例增多。

新中国农民合作社包括 3 个阶段：农业社会主义改造时期、人民公社时期和家庭承包农业经营时期。传统农民合作社包括:供销合作社、农村信用社和乡镇集体企业。供销社是农民群众的合作商业,既承担国家计划商品的购销,又负责为农民提供生产资料和日用工业品。信用社是农民集资成立的合作金融组织,是支持农业生产、稳定物价的重要金融组成。乡镇企业是探索集体经济的有效实现形式。1995 年实施的《关于深化供销合作社改革的决定》和 1996 年下发的《关于农村金融体制改革的决定》,标志着传统农民合作社时代的终结,进入到新型农民合作社阶段。新型农村合作社特指在我国农村 20 世纪 80 年代以后出现的合作经济组织,是我国农村的专业合作社、社区合作社、专业(行业)协会、各类经济联合体等组织的总称。2007 年 7 月 1 日实施的《农民专业合作社法》,开启了我国农业合作社管理的新篇章,我国农业合作社实现了由农民自主发展到政府立法规范的过渡。

农业合作社可分为专业农业合作社和综合农业合作社。专业农业合作社是指以生产、经营和销售同种类农产品为主,形成单一产业链的农业合作社;综合农业合作社是指以生产、经营和销售不同种类农产品为主,形成纵横交错产业链的农业合作社。其中,专业农业合作社又包括供应合作社、采购合作社、拍卖合作社、金融合作社、信贷合作社、加工销售合作社、服务性合作社、各式各样的农业协会等。

合作社在我国农产品交易过程中发挥着巨大的作用。农业合作社是对接我国农业“小生产”和“大市场”的有效途径。农业合作社既能帮助农民在生产环节通过规模化生产降低农产品生产成本,又可通过销售环节农产品的数量优势形成话语权;在加工环节,通过合作加工也可以降低成本,同时规模化形成的品牌效应是个体农业生产者很难实现的;在农资采购环节,合作社购买大大降低了采购成本;合作社相比个体农户具备更高的生产技术,同时把握市场的能力会更强;合作社凭借规模更容易享受政府相关补贴政策;合作社具备组织化优势,有利于农业生产专业化、农产品标准化的形成。

4.4　农产品期货交易

我国有 3 家期货交易所从事农产品期货业务。白糖、棉花、小麦、稻、菜籽粕、苹果等期货产品在郑商所交易,同时郑商所还负责白糖和棉花的期权交易;玉米、大豆、豆粕、鸡蛋等期货商品在大商所交易,同时大商所还负责豆粕和玉米的期权交易;天然橡胶和天然橡胶期权在上期所交易。

我国农产品期货总量已经跃居世界第一(苏玉峰,2016)。由图 4.1 和表 4.1 可知,近年来我国农产品期货交易活跃,2007 年农产品期货交易 6.31 亿手,成交额 26.13 万亿元;到 2009 年交易量增长到 12.35 亿手,交易额 62.18 万亿元;2010—2015 年交易量和交易额都减少,后又逐渐回升。交易量最低年份为 2011 年,下降到 5.73 亿手,交易额最低年份为 2013 年,交易额 46.05 万亿元;2016 年交易量达到历史新高的 14.37 亿手,交易额 62.36 万亿元,仅次于 2010 年 66.71 万亿元的历史最高交易额;2017 年交易额及交易量双双降低,2018 年又有所回升。根据期货业协会(Future Industry Association,FIA)2018 年统计的全年世界期货成交量数据,中国有 3 家商品期货交易所进入全球前十。其中,上期所交易量 12.02 亿手排名第一,大商所交易量 9.82 亿手排名第三,郑商所交易量 8.18 亿手排在第四位。2018 年我国农产品期货总交易量约 9.19 亿手,成交额 46.91 万亿元。

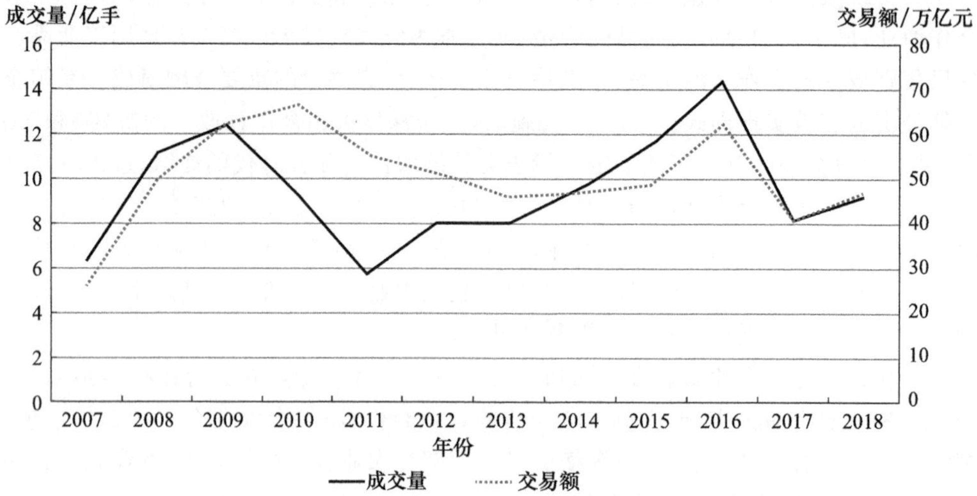

图 4.1　2007—2018 年中国农产品期货交易量(数据资料来自中国证监会并计算得出)

表 4.1　2007—2018 年我国农产品期货成交额和成交量

年份	农产品成交量(千手)	农产品成交额(万亿元)
2007	631031.13	261289.51
2008	1114715.31	499043.07
2009	1234692.83	621778.37
2010	934090.91	667121.61
2011	572740.01	552826.37
2012	802424.96	513611.31
2013	797946.09	460540.95
2014	957856.14	467644.62
2015	1158978.86	487106.07
2016	1437021.72	623557.52
2017	812982.42	408717.89
2018	918591.17	469104.43

注:数据资料来自中国证监会并计算得出。

在国家相关政策法规的指导下,我国农产品期货交易市场发展越来越规范。在各大交易所和行业的共同努力下,农产品期货交易规模不断扩大且期货交易品种不断增多。但是,农产品期货发展也遇到了诸多问题:我国农产品期货的“期现比”距欧美国家还有较大差距,期货工具的价格发现及套期保值功能没有发挥更大的作用;我国期货交易主体中套期保值群体相对较小,中小散户投机者数量较多,规模化的农场、牧场及大型农业企业期货参与度低,农业生产者与期货市场对接困难,期货合约取得成功最关键的因素是稳定的交易量,而缺乏套期保值者及机构投资者支撑的交易量无法形成有质量的期货合约;我国期货参与准入制度严格,国企、金融机构、事业单位等大型机构无法参与,造成我国期货市场缺乏大型机构投资者的局面;期货交易成本高和期货监管环节不够完善等问题也制约我国期货发展。

因此，增加期货品种、继续扩大市场规模、提高农民及农业企业期货市场参与度、培养合格投资者、加强各环节监管等手段，可促进我国农产品期货健康发展。

4.5 草产品交易

4.5.1 草交易现状

目前，我国草产品交易市场分为国内和国外两个部分。国内部分交易集中在我国草产品生产方对大型规模化牧场的供应交易上。国外部分交易表现为以美国为首的世界草产品供应商针对我国大型规模化牧场的供应交易。

王明利团队长期研究我国牧草产业经济，并定期出版《中国牧草产业经济》一书。草贸易研究主要集中在草产品生产模式、草产品市场、国内外贸易、草产品竞争力及国家相关政策的研究。

《中国牧草产业经济》(王明利，2012)一书认为，草产品生产水平低，加工面临资金技术人才短缺问题，无法自给自足且区域矛盾突出，草产品市场体系建设不完善，供需双方信息不对称；宁夏牧草产业主要的发展模式包括“公司＋专业合作组织＋农户”“公司＋基地＋农户”及草畜一体工厂化养殖 3 种模式；土左旗牧草产业经营模式包括“经纪人＋农户”“专业牧场＋农户”及“政府＋公司＋农户”等模式，在政府的引导下开展订单合作，尝试发展草畜一体化养殖和草产品加工业，延长产业链；云南草产业经营模式包括分散种植、“基地＋农户”及“科研机构＋农户”3 种模式。

《中国牧草产业经济》(王明利，2013)一书认为，规模化及机械化应该是牧草生产的标配，相关扶持政策是牧草产业发展的促进因素，草产品市场是拉动草产业发展的主要动力；人工草地面积保持增长，牧草生产布局贴近养殖产业带，草产品企业示范作用明显，受禁牧补贴及供求影响，牧草价格上升，肉牛肉羊饲草短缺，牧草进口呈现多元化；在国家振兴奶业苜蓿发展行动推动下，牧草种植规模持续扩大。牧草生产经营模式多样化，企业、合作社、“企业＋合作社”、综合项目开发型、青贮银行型及大户经营型全面发展。草产品市场需求多元化，商品草生产企业不断壮大；四川牧草生产模式包括草畜一体化、“专业组织＋农户”及“公司＋基地＋农户”3 种模式。

《中国牧草产业经济》(王明利，2014)一书认为，从“以粮为纲”到“粮＋经”二元种植结构，到“粮＋经＋饲” 三元种植结构，再到“粮＋经＋饲＋草”的结构，这是我国粮食安全找到正确定位的过程，种植业四元结构调整迫在眉睫；人工草种植面积保持增长，牧草种植收益持续走高，牧草生产企业产量继续增长，牧草种子价格走高，草产品需求保持多样化且价格趋稳，进口牧草量居高不下但价格有所下降；牧草生产经营模式包括专业牧草生产企业、草畜一体化养殖、“公司＋基地＋农户”“公司＋专业合作社＋农户”及农户种养结合 5 种模式，几种模式中专业牧草生产企业和草畜一体化养殖综合竞争力较高。但草产品市场仍然存在较大问题，包括供需信息不对称、市场组织化程度低、缺少有实力的草产品经纪人或中介组织沟通、交易规模小、市场设施功能不健全、交易方式严重落后且没有草产品质量标准。

《中国牧草产业经济》(王明利，2015)一书提出人工草地面积继续增长，经营模式较 2013 年增加了“牧草银行”模式，牧场自建及专业草产品生产企业的牧草基地建设加速，苜蓿干草和燕麦草进口量继续增长，价格稳定。牧草生产技术落后、种子紧缺、草产品分布不平衡、灾害天气及运输成本高等因素限制我国牧草产业发展；草产品进口量持续增长，主要品种依然是苜蓿干草和燕麦草，燕麦草比重逐年增加，牧草进口主要依赖美国和澳大利亚且呈多元化发展，牧草种子进口量逐年增加，奶粉、牛羊肉等产品进口量增速明显。

《中国牧草产业经济》(王明利，2017)一书中提出，国际牧草贸易量及价格整体趋势上涨偶有波动，苜蓿干草依然是干草贸易主要商品，主要出口国包括美国、澳大利亚、西班牙、加拿大、意大利，中、日、韩3国牧草进口量较大。

《中国牧草产业经济》(王明利，2018)一书提出，发展牧草产业能够保障中国粮食安全，强调“粮＋经＋饲＋草”四维种植结构中草的重要性，主张探索多种形式的草产业发展模式，依托市场拉动牧草产业发展；中国牧草进口依然以苜蓿为主且增速放缓，燕麦草增幅加大，蒙古国天然牧草进口大幅增加，西班牙垄断我国草粉、草颗粒产品市场，加拿大加速扩展中国苜蓿干草市场，中国放开更多“一带一路”国家苜蓿进口准入；国际牧草贸易规模持续增长但价格走低，美国草产品出口依然以苜蓿为主，占全球市场的53%，澳大利亚草产品出口以燕麦草为主，占国际市场的13%，西班牙草产品出口以苜蓿、草粉及草颗粒为主，占全球市场的12%，加拿大牧草出口也在提升，占国际市场的4%。进口方面中、日、韩依然表现出持续的牧草进口需求，沙特牧草进口量增长明显。

刘亚钊等(2018a;2018b)提出我国草产品长期依赖进口的国际贸易格局不变，美国的苜蓿、澳大利亚的燕麦草、西班牙的苜蓿颗粒、蒙古国的天然干草填补我国牧草缺口。随着“一带一路”合作的开展，更多国家的牧草进口市场会开放。

石自忠等(2019)认为我国草产品生产量较高，但牧草需求逐年增大且存在缺口，国产草产品价格下行，对美国草产品依赖太高。在当前中美贸易摩擦背景下，短期内我国乳业及食草动物养殖业会受一定影响，从长远看有利于我国草产业快速发展，促进我国草产品进口市场多元化。

加利福尼亚州大学农业与自然资源学院 Daniel H Putnam 等人提出中国对干草进口的需求也是由国内生产所需的土地和水资源短缺、干草区与奶牛场的距离远以及干草生产中的不利天气造成的。国家在政策层面积极解决草牧业种植土地资源不足的问题，通过兴修水利、节水灌溉解决水资源短缺问题，鼓励补贴规模化、机械化生产，规避天气限制因素，养殖企业逐渐靠近“三北一南”牧草产业带，有效解决流通成本和养殖污染问题。现代牧业集团创始人邓九强也提出“哪有草去哪养牛，哪有牛去哪种草”的模式。

综上所述，近年来，我国牧草产业进行了多种发展模式、经营模式及生产模式的实践及研究，出台各种政策支持并引导牧草产业发展，取得了相当大的成绩，积累了较多经验。特别是国家实施“粮改饲”政策，鼓励种养结合后，我国草牧业加速发展。养殖带与玉米带及饲草带的重合建设，不仅可以解决我国现阶段草贸易过程中的运输成本问题，同时缓解养殖规模较大且人口密度集中省份的环境压力；在取得成绩的同时，我国草牧业对进口牧草的依赖程度并没有明显降低，草贸易逆差依然较大。在“一带一路”的合作形势下，对牧草交易模式进行研究是有必要的，既适应国际草贸易发展形势，又可丰富草贸易研究内容。

4.5.2 以X牧草公司交易模式发展谈我国草产品交易

X公司成立于中国规模化牧场对牧草开始有巨大需求的时期。该公司的发展经历了以下几个阶段：订单农业阶段是X公司最初的草产品交易模式，通过与产地商贩的合作，完成牧草从产地到牧场的流通过程并从中获得利润；随后，为保证牧草的持续稳定供应，该企业开启线下市场阶段，开始种植、承包打草场、收储、加工等业务，最终形成了草产品专门化线下交易市场，完成了贸易商向生产、加工、流通商的扩展；顺应形势，该企业效仿互联网技术在农业领域中的成功应用，大力开展草产品互联网面向企业销售，同时结合区域线下市场，对接本地个人需求，积极尝试"农户（牧户）＋公司""农户（牧户）＋草产品经纪人＋公司""农户（牧户）＋合作社及农户（牧户）＋合作社＋龙头企业"等模式，开展草产品生产、加工及储运业务；通过行业影响力建设现货交易市场，更便捷地对接草产品供需双方，现货交易为买卖双方提供资金在线结算服务，避免了企业的"三角债"问题，依靠标准化仓单形成草产品的行业标准，减少产品质量纠纷，杜绝伪劣低质，通过交割仓的建设实现就近交割，形成高效的草产品物流配送体系，同时降低供求双方交易成本；近年来，随着供应链金融（Supply Chain Finance）服务的快速发展，以蚂蚁金服为代表的供应链金融服务商在农业领域合作项目中取得良好业绩，带动了基于"软件即服务"（Software as a Service，SaaS）系统的农产品行业赋能交易。X 公司上线了新的草产品交易平台，开启草产品赋能之旅。

X 公司参与了我国农产品交易的多种形式，从最初的与农户（牧户）、大户或农村经纪人及合作社的交易形成公司销售，再到专业市场交易，开展电子商务交易和现货电子交易，几乎参与了全部的农产品交易模式，取得了不错的成绩。但交易的不同阶段都遇到了不同的问题：订单农业模式阶段，草产品质量纠纷及应收账款拖欠问题突出，且该问题长期存在；线下市场阶段，种植、加工、生产、收储阶段资金压力大，种植技术、加工技术及风险管理等问题是主要矛盾；线上线下阶段，用户习惯培养、平台推广、支付受限、物流仓储发展滞后且成本过高、专业人才缺乏等问题限制业务开展；现货电子交易阶段，大型牧场参与度低，平台直接服务草产品需求方的功能未全部体现。另外，投机资金干扰市场交易，系统风险控制压力较大。最终，国家政策遇到瓶颈，交易模式被迫转型。

X 公司的发展道路基本涵盖了我国草产品交易各个时期的交易模式，也基本反映了我国草交易内贸的现状。我国草交易突出特点就是需草方的关注点放在自主种植、海外购买及国内外订单农业上，草贸易参与形式单一，避险意识缺乏。在"一带一路"不断推进，国家鼓励农业企业一边"走出去"，一边大力发展本国草牧业生产的大前提下，我国急需一种新型、高效且国际化的草产品交易模式出现。该交易模式对内促进国内草贸易繁荣，对外适应国际贸易环境并丰富草产品进口来源，最终保障我国粮食安全。

4.6　拍卖交易

拍卖是专门从事拍卖业务的拍卖行接受货主的委托，在规定的时间与场所，按照一定的章程和规则，将要拍卖的货物向买主展示，公开叫价竞购，最后由拍卖人把货物卖给出价最高的买主的一种现货交易方式（申艳玲，2008）。

拍卖交易的优点有很多：拍卖交易成交快，成交量大且节省交易时间；拍卖活动要求产品分级；拍卖交易有准入门槛；拍卖交易信息公开发布，供求双方信息对称，可形成行情进而指导农产品生产流通，发展并完善市场交易功能；拍卖交易降低交易成本；拍卖交易可形成合理价格；拍卖交易使市场建设更加规范，进一步提升市场行业影响力。

从美国牧草国内交易中可以总结出，拍卖交易是美国牧草国内交易最主要的形式，在价格形成过程中拍卖发挥重要作用。2009 年我国农产品拍卖交易形式迅速发展，蔬菜、水果、茶叶、花卉、早籼稻、玉米等农产品的拍卖交易数量增多，粮食临储拍卖影响现货价格的现象同样引起了市场注意。在国家规范现货电子交易市场后，拍卖交易和电商商城交易成为现货电子交易转型的主要途径，更引起广泛关注。2018 年 5 月 31 日，第五届中国国际服务贸易交易会的精准扶贫及知识产权专场拍卖会成功拍卖了新疆和田、内蒙古赤峰、贵州黔南和安徽六安等地的大宗农产品现货、期货。此次拍卖会通过拍卖的交易形式为贫困地区农产品打开了新的销路，同时，也为农产品供求环境改善另辟蹊径。

4.7 中国饲草全球布局

2008 年后，我国牧草需求爆发式增长，由于本国牧草产量及质量不能完全满足需求，以美国牧草为主的进口牧草大量进入我国市场。随着需求的不断扩大，部分企业和个人开始了中国饲草的境外布局，通过贴牌、直接投资、合资、订单合作等模式进入美国干草市场。美国牧草出口协会的 Bailey Farms、Top Hay LLC、Hay Kingdom、PSW HAY LLC、Newport HDR、Haasen Tara Feed Inc 等几家公司都与中国企业有很好的合作和依托关系。除美国外，我国企业在加拿大、南美、亚洲及非洲市场也逐步涉及牧草业务。但是，现阶段我们与日本、韩国及阿联酋等国家的海外投资还有较大的差距。在总结其他国家农业海外投资经验的基础上，利用“一带一路”合作机会，我国会有更多有实力的企业布局世界干草市场，保障我国粮食安全。

第五章　我国肉类需求、粮食安全与饲草贸易的关系

据 UN Comtrade 数据和英国皇家国际事务研究所的资源交易数据库(Resource Trade)，2013 年中国成为世界第一大肉类进口国，自此后除 2014 年外其余年份均是最大肉类进口国。如图 5.1 和图 5.2 所示，2017 年中国从世界各地购买了 95 亿美元的肉类和 79 亿美元的水产。为满足我国养殖业需求，还进口了 70 亿美元的谷物、16 亿美元的动物饲料原料和 5.2 亿美元的饲料作物。涉及肉类需求的总进口量为 262.2 亿美元，这个数字已经接近俄罗斯 2017 年出口我国商品的贸易总额。与美国、巴西等国不同，我国肉类消费中蛋奶类、禽类、食草动物类及其他动物肉类占比较低，猪肉占比极高。猪饲养过程中主要消耗玉米、高粱、大麦和燕麦等粮食谷物。猪日粮中玉米的占比最高。2000—2014 年美国长居中国玉米进口量榜首，个别年份出口量略低于南美洲的巴西和阿根廷。近年来美国玉米大量用于生产新能源燃料，因此出口量下降，2015 年后乌克兰和缅甸的玉米逐渐取代了美国玉米的地位。同时，高粱这个玉米替代谷物的用量近年来大幅提升。

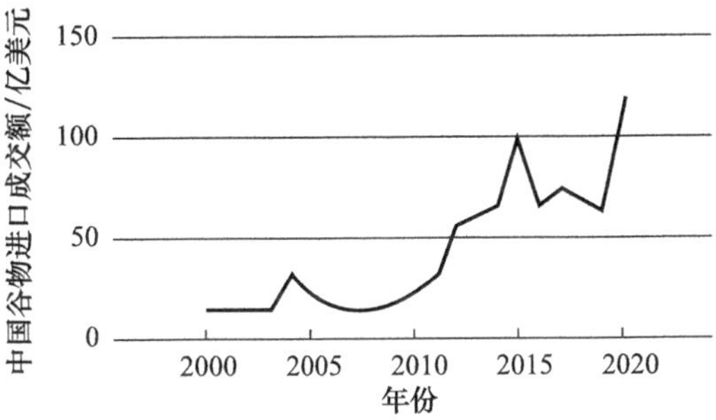

(a) 2000—2020年中国谷物进口成交额

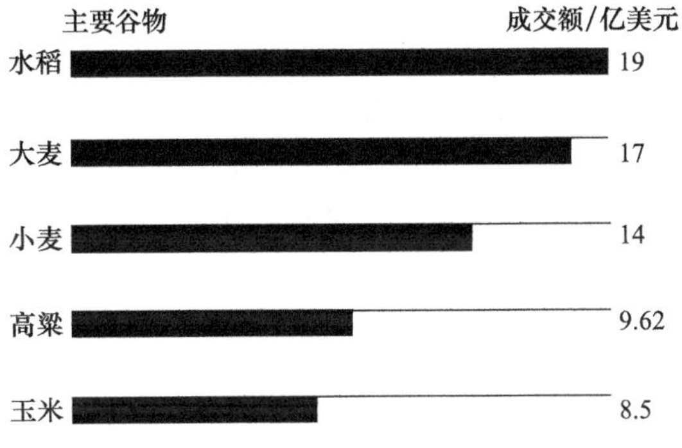

(b) 2017年中国主要谷物成交额

图 5.1　中国谷物进口示意图(资料来自 UN Comtrade 数据和 Resource Trade 系统)

根据麦肯锡公司 Justin Ahmed 等人的《肉类蛋白质的全球供应格局将如何演变》表明，预计到 2025 年，人均肉类消费增长率每年仅增长 1%左右。随着中国人口增速趋于平稳和贫困人口比例的逐年下降，未来中国动物蛋白需求总量快速持续增长态势趋缓，肉类蛋白需求多样性会逐渐增加。预计到 2025 年，中国的肉类需求仍将占到增量需求的近 30%，中国有望成为全球最大的牛肉进口市场。

巨大的猪肉需求，带动了庞大的饲料粮进口，减少了我国外汇储备，增大了我国粮食安全的压力。面对未来可预见的肉类需求增长，单一依赖饲料粮大量进口的模式，不能保障我国粮食安全。

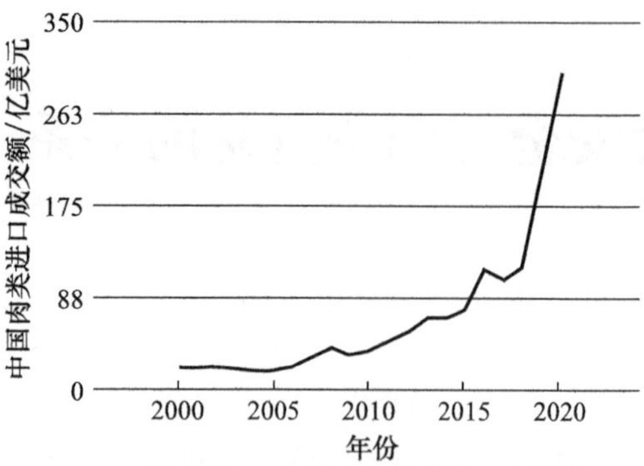

(a) 2000—2020年中国肉类进口成交额

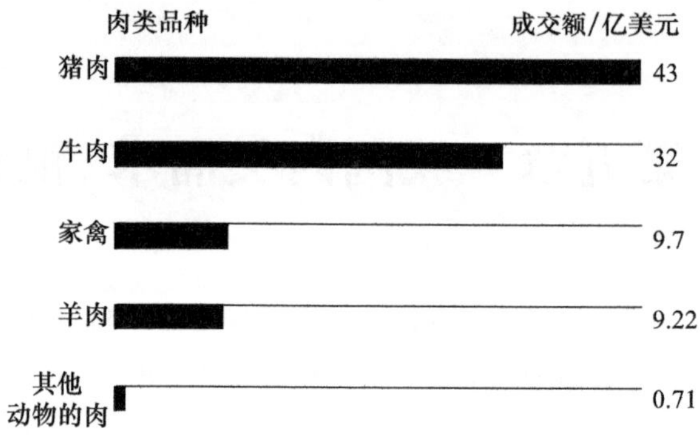

(b) 2017年中国主要肉类成交额

图 5.2　中国肉类进口示意图(资料来自 UN Comtrade 数据 Resource Trade 系统)

5.1　我国肉类需求

5.1.1　我国肉类需求激增的原因

据经济合作与发展组织(Organization for Economic Co-operation and Development, OECD)和联合国粮农组织(Food and Agriculture Organization of the United Nations,FAO)农业展望数据显示,近年来全球蛋白质需求出现前所未有的增长。全球肉类消费总量每年增长约 2%,其中近一半来自中国。中国的肉类需求与越南类似,对猪肉需求极大,禽类、草食动物需求低,蛋奶有一定的需求但占比并不高;印度由于宗教信仰的原因,素食人口比重较高,因此对蛋奶的需求极高,肉类需求不旺盛;北非和中东的肉类需求相似,特殊的地理环境和宗教原因使该地区草食动物消耗量较高,尤其羊肉消费量较大;印度尼西亚和马来西亚等海洋国家海产品消费量全球最高;巴西、阿根廷及南非部分地区草食动物及禽类消耗量较高;欧美及大洋洲国家蛋奶消耗量与草食动物和禽类消耗总和相当。

造成中国肉类需求激增的原因有很多。首先,改革开放后城乡居民平均可支配收入不断提升,导致生活条件及品质的提高,进而带动肉类消费的快速增长,近几年甚至出现了互联网公司争相参与生猪养殖的现象。众所周知,现阶段我国互联网公司主营业务的利润是相当可观的,出现这种情况,从侧面证明了我国旺盛的肉类需求。其次,人们健康意识的增强和对美好生活的向往,促使大家纷纷减少高碳水化合物食物的摄入,增加蛋白质食物在饮食中的比例,也就是常说的营养膳食转型。另外,城镇化的发展及快节奏的生活工作方式,让餐饮、外卖、零食、速食行业快速发展,这些因素同样促进了肉类消费的快速增长。

5.1.2　我国肉类需求遇到的问题

根据 OECD 和 FAO 农业展望 2018—2027 年数据,中国是世界上最大的猪肉生产国和进口国。目前我国肉类需求中,猪肉的需求量最大。2017 年,中国的猪肉产量达 5300 多万吨,约占全球产量的 45%,进口量估计达到 160 万吨,远高于蛋奶类、禽类、水产类及食草动物类肉类蛋白需求。我国肉类需求单一,依靠猪肉满足,而这种单一的需求会带来很多问题:疫情等突发事件影响肉类供应安全，2018 年爆发的非洲猪瘟疫情就是一个很好的案例，不仅造成中国生猪养殖业损失惨重，同时也严重影响我国肉类供应安全，由于肉类供应单纯依赖猪肉，疫情发生后我国无有效替代肉类产品，为了保证供应，势必要花费大量资金进口猪肉产品；生猪养殖是高耗粮行业，近年来我国居高不下的粮食进口量主要用于生猪养殖，玉米、高粱、大麦、燕麦、小麦、黑麦是主要的能量饲料，大豆榨油后的豆粕是主要的蛋白饲料和脂类饲料，我国是大型猪肉生产国，猪肉产量占全球猪肉总产量的一半左右，远高于美国这个富粮国家的猪肉产量，从长远考虑，这种依靠进口粮食维持肉食供应的道路并不安全，虽然近年来国内外学者在猪日粮成分配比上大量增加青绿饲料及植物蛋白等非粮食成分，但粮食消耗量大依然是生猪养殖的主要特点，与人争粮现象长期存在；生猪养殖又是一个高污染行业，生猪和肉牛养殖同属污染密集型肉类生产，水体污染排放及温室气体污染排放均较高，为减少污染，应该减少猪、牛养殖量，增加马、羊、兔等食草型家畜养殖，大力扶持禽类及水产养殖等低污染养殖业（王炳童，2017）；猪肉中含有大量饱和脂肪，大量食用猪肉可能导致超重、肥胖，由此引起高血压、糖尿病、心脏疾病等慢性病，从健康角度考虑，肉食供应单纯依赖猪肉同样不可取。

但是，国人对猪肉的消费历史由来已久，猪肉几千年前就被摆上了中国人的餐桌。形成已久的饮食习惯很难短时间改变，猪肉的需求依然长期存在。如果可以借鉴美国经验，把我国生猪养殖带迁至玉米主产区（吴天龙 等，2017），形成“南猪北上”的局面或许可以缓解部分问题。首先，经过处理的动物排泄物可用于农作物施肥；其次，可解决我国南方各省生猪养殖带人口密集区的环境污染问题；再次，生猪养殖带临近玉米带减少饲料运输成本，同时减少生猪养殖对美国玉米的依赖。

5.2　我国粮食安全到饲料安全

我国是世界第三大沙漠国家，沙漠面积 71 万平方千米。据 1980 年的全国草地资源调查数据，我国草原总面积近 4 亿公顷，约占全国土地总面积的 41.6%，按 2019 年中央一号文件保障耕地总面积 18 亿亩[①]计算，草原面积为现有耕地面积的 3.33 倍。虽然国土面积较大，但人口较多，且耕地面积较少。同时，我国水资源，特别是可再生的淡水资源十分有限。水资源也是我国粮食安全的限制因素。我国用世界 7%的耕地，养活了世界 22%的人口，粮食自给自足已实属不易。但是肉类需求这个新的粮食安全问题又摆在了面前，我国粮食安全依旧任重道远。古时作战“兵马未动，粮草先行”，今日我国粮食安全亦是如此。

张金柱等（1986）总结，20 世纪 80 年代初我国城市副食品消费猪肉占比较高，但消费增速不及禽蛋，自 1983 年后熟肉制品的供应大大增加了猪肉的消费量；刘永斌（1994）认为我国应实施“以草换肉”战略，减少以粮换肉的猪肉生产；李洪军等（1998）指出，截至 1997 年中国肉类总产量达到 6200 万吨，以平均每年大于 10%的速度快速增长，人均消费达到 52.9 千克/年，超过世界平均水平；胡锡骥（1998）认为，亚洲国家肉类需求会随收入增加而提高，肉类需求会改变亚洲国家农业生产结构，亚洲国家必须面对肉类进口增长及本国养殖业带来的环境污染问题；朱丕荣（1998）提出，未来影响中国粮食需求的主要因素就是肉类消费；潘耀国（2004）认

---

① 1 亩 $=666.667$ 米^2，下同。

为，中国肉类消费正处在稳步增长阶段，居民家庭外就餐肉类消费比例会逐渐扩大，收入越高的人群肉类消费越多，但与西方国家肉类消费还有较大差距；据 OECD 和 FAO 发布的 2006—2015 年农业展望数据，全球肉类消费在 30 年间将从 0.99 亿吨猛增至 2.44 亿吨，给环境、农业资源及水资源带来沉重压力；Zhou 等(2008)认为，近年来我国肉类消费量快速增长，带动了畜禽养殖产业发展，并导致中国饲料粮刚性需求增长；潘耀国(2009)认为，中国人肉类消费比 60 年前增长了 10 倍。根据 UN Comtrade 的数据，2010 年中国第一次出现在饲料作物进口国前五的位置，之后位次或升或降，但一直保持前五；2013 年至今，中国大豆进口量从 6416 万吨激增到 9545 万吨，玉米进口量从 364 万吨增长到 467 万吨又下降到 295 万吨，高粱从 114 万吨增长到 1076 万吨又下降到 475 万吨，燕麦从 6.3 万吨增加到 20.9 万吨，大麦从 200 万吨增长到 990 万吨又下降到 770 万吨，此外还进口了大量的豆粕、酒糟等饲料粮的替代品。2014 年约有 1/3 的粮食用于饲养牲畜(Satoru，2015)，研究表明未来 20 年中国饲料粮需求将增长 60%左右，国内饲料粮的生产将无法满足养殖业的需求，同时大量的肉类需求也会导致大量的饲料粮依赖进口。目前中国饲料粮供求缺口已较明显，大豆、玉米、高粱等主要饲料原粮进口规模逐年扩大。国内口粮消费趋于稳定，饲料用粮需求已成为粮食需求增长的主要动因，伴随着饲料用粮的持续增长，中国粮食自给率将进一步下降。于晓华等(2012)研究发现以能量衡量的中国粮食自给率实际已经下降至 70%，结合我国自然情况，粮食产量增长空间有限，饲料用粮无法保证自给自足，饲料用粮长期依赖进口常态化。2016 年饲料粮进口量所占份额已经达到了粮食进口总量的 90%以上，因此，饲料安全将会成为未来中国食物安全问题的重要部分；目前我国粮食安全问题突出，且中国人蛋白质和食用油对外依赖严重，中国人粮食消费及饮食结构慢慢地发生着变化。一直以来，美国又垄断了玉米、大豆、棉花等战略大宗农产品的控制权。陈琼等(2013)提出，我国农村市场肉食增长潜力巨大，城镇居民肉类消费呈现追求质量及多样化的改变，猪肉占比高现象长期存在，家庭外就餐继续推高肉类消费。李宁等(2013)发现，收入增加可促进牛羊肉消费能力；白军飞等(2014)认为，人口老龄化促进人均肉类消费量降低；张富(2016)提出，我国肉类生产中肉类生产总量增长趋缓，猪肉占比呈现下降趋势，净进口格局稳定，贸易呈规模化、标准化、环保化、产业化及全球化；崔姹等(2016)认为，饲料粮紧缺严重依赖进口及环境污染等问题是制约我国肉类产业发展的因素，应大力发展牛羊等低耗粮动物养殖，减少猪禽类高耗粮肉类生产，应对我国肉类需求问题；高奇等(2016)认为，随着生活水平的提高及人们健康意识的增强，未来肉类需求的猪肉占比会逐渐下降，高蛋白低脂肪的牛羊肉和禽类会更受欢迎；钞贺森等(2017)认为，我国的“粮食安全”问题已转化为“饲料安全”问题；朱文博等(2018)对多口径肉类数据进行比较，肉类需求导致中国肉类净进口现象将长期存在。为应对以上变化，“粮改饲”“米改豆”等政策纷纷被写入中央一号文件。为了形成这个新的长期稳定的粮食供求平衡，牧草需要扮演更加重要的角色。

黄季焜在“中国粮食安全与政策”的演讲中提到从“饲料粮”向“饲料”(饲料粮＋牧草)转变的观点。同时肉类也要从单一的猪肉生产向多样化肉类生产转变，改善我国现阶段饲料粮严重依赖进口的现象，满足人们对高质量肉类的需求，还要积极推进低耗粮肉类生产的规模化、标准化、环保化及产业化。

综上所述，调整耗粮型动物养殖，鼓励禽类及食草型动物蛋白生产，建设大型海洋牧场，最终形成多样化的动物蛋白生产体系是保障肉类供应的必由之路。

5.3　依托草产品生产加工及草贸易发展食草型动物养殖

据美国学者 Costanza 等人估计草地的生态功能估价为 232 美元/公顷，依此标准计算，我国 4 亿公顷草地，其价值高达 928 亿美元，这是一笔惊人的财富（任继周，2004）。在保证生态环境安全的前提下，合理利用我国草地资源，同时可以通过草田轮作、农闲土地青绿饲料生产、人工草地规模化草产品生产、发展国内外草产品贸易等手段共同保障食草型动物饲草供应，进而保障我国肉类供应安全。

根据 2012—2018 年出版的《中国牧草产业经济》系列丛书指出，优质牧草会缓解我国粮食安全问题，国家应针对牧草种植出台补贴及相关优惠政策；开展苜蓿生产不仅有利于我国乳业发展，同时有利于我国粮食安全；草畜一体化发展，有利于市场简单化及物流运输，延长产业链，增加农业收入；消费需求拉动草食畜牧业快速发展，草食畜牧业的发展又加速了牧草种植业的发展，"粮改饲"推广迅速且效果明显，草畜一体化经济及生态效益凸显。但草牧业推进过程受到观念、机械化、技术水平、政策保障、资金等因素制约。我国饲料粮供需矛盾依然突出，但"粮改饲"试点卓有成效，精饲料用量及饲料粮比例都明显下降，"粮改饲"政策缓解我国饲料粮压力；"粮改饲"连续 3 年写入中央一号文件，"粮改饲"试点的主要任务是平衡种粮种草关系、牧草种植与销售关系及种草与草食畜牧业间关系；在"粮改饲"政策和取消玉米收储保护价背景下，内蒙古"粮改饲"的实施优化了种植结构，促进了畜牧业发展，带动农民增收的同时保护了生态环境。针对"粮改饲"过程中遇到的问题，国家加大农业基础设施投入、细化补贴标准、加强技术培训、创新农业保险开发；规模化草食畜牧业快速发展带来的温室气体排放问题约束草牧业发展；石自忠等(2018)认为，草产品生产加工环节短板较多是造成我国草产品贸易国际竞争力低的主要原因，草种资源、生产成本、机械化程度、草产品质量及加工技术等均处于劣势；受草食畜产品消费拉动的影响，国际草产品贸易呈波动上升趋势，同时国际草产品价格走低。美国国际草产品贸易影响力依然巨大，澳大利亚、西班牙、加拿大、意大利紧随其后，中、日、韩及海合会国家的草产品需求依然推动国际草产品交易。石自忠等(2019)认为，牧草产业有效缓解粮食安全压力，推动畜牧业绿色高效发展，保障农牧民增产增收。

2015 年中央一号文件提到，不断增强粮食生产能力，深入推进农业结构调整，加快发展草牧业，支持青贮玉米和苜蓿等饲草料种植，开展"粮改饲"和"种养结合"模式试点，促进粮食、经济作物、饲草料三元种植结构协调发展；2016 年中央一号文件提到，确保口粮绝对安全，优化畜禽养殖结构，发展草食畜牧业；2017 年中央一号文件第一条就提到统筹调整粮经饲种植结构，在确保口粮绝对安全的前提下，增加优质食用作物及经济作物的生产，扩大饲料作物种植面积，发展种植青贮玉米、苜蓿等优质牧草，大力培育现代饲草料产业体系；2018 年中央一号文件提到，深入实施藏粮于地、藏粮于技战略，严守耕地红线，确保国家粮食安全，推进特色农产品优势区创建、做大做强民族奶业、建设现代化海洋牧场、加强农业投入品和农产品质量安全追溯体系建设，建立健全我国农业贸易政策体系；2019 年中央一号文件明确提出，严守 18 亿亩耕地红线，巩固和提高粮食生产能力，到 2020 年确保建成 8 亿亩高标准农田，实施大豆振兴计划，支持长江流域油菜生产，实施奶业振兴行动，合理调整粮经饲结构，发展青贮玉米及苜蓿等优质饲草料生产。

从 2015—2019 年中央一号文件的政策和导向中，不难发现国家对保障粮食安全的重视，也看到了从粮食安全到饲料安全的转变。大力发展草牧业才是解决当前饲料安全问题的关键。从我国的国情出发，发展草牧业不仅要依靠规模化、标准化、多元化的种植、养殖，更要重视贸易在草牧业发展中的保障作用。

贸易的优势就是使每个人可以将自己有限的时间用来从事自己最擅长的活动。通过与他人交易，可以按较低的价格买到各种各样自己需要并喜欢的物品，或者享受比较满意的服务。亚当·斯密(Adam Smith)认为，国家之间的贸易就像人与人之间的贸易。没有人会为了保持忙碌而自己去缝衣服、种粮食。相反，人们最好只做自己最擅长的工作，所需的商品和服务则可以依赖其他人提供。同样，各国应专注于生产最擅长的产品，并通过与其他国家的自由贸易，满足国内的消费需求。格里高利·曼昆(N. Gregory Mankiw)在《经济学原理》中提到，贸易可以使每个人的状况变得更好。国家和家庭一样也能从相互交易中获益。贸易使各国可以专门从事自己最擅长的活动，并享有各种各样的物品与服务。

草贸易亦是如此。草贸易调节草牧业产销的时空矛盾。通过对草产品储存和运输的优化可以缓解种植和养殖之间的时空矛盾，打破供求双方在时间、空间和集散方面的限制，在更长的时间、更远的地区或更分散的条件下进行商品交换，降低交易成本，提高交易效率。贸易商活跃在草牧业的上下游之间，利用自身优势对接整个产业，降低交易成本的同时提高合作效率，充当供求双方的交易中介；实时沟通生产者和消费者保障产业上下游信息对称，再把消费者的信息反馈给生产者，通过需求指导生产的同时反馈生产变化、传递商品信息、引导消费；草贸易还帮助行业上下游分担贸易风险，商品从生产领域向消费领域转移的过程中，要经历多次易手，由于客观条件变化，可能丧失预期收益，也就是可能存在贸易风险，当草贸易商进入贸易活动以后，这种状况可以得到显著改善，因为草贸易商承担了商品在运输、保管和销售过程中可能遭遇的各种风险，原来的贸易风险承担者主要是生产者，现在增加了专门商人，并且商人是主要的风险承担者，极大减少了贸易风险对社会再生产过程的负面影响。

草产品市场是一个新兴的市场，市场形成初期供求双方信息不对称、市场组织化程度低且设施落后、交易规模小、交易方式落后、交易产品标准不统一等问题，导致我国大型牧场既负责养殖又负责种植，机会成本极高，且不能自给自足。国内草贸易长期停留在大小商贩与牧场直接交易的层面，既无保障，又没能形成完善的交易体系。随着中国草产品市场的不断完善，专业草产品公司的出现大大改变了草产品交易格局，对“农户(牧户)＋公司”“农户(牧户)＋合作社＋公司”“草畜一体化”3种模式及牧草的规模化种植起到了积极的促进作用。但是，供求双方市场地位不平等问题依然存在，难以形成互信、互利、共赢的局面。物流仓储流通环节薄弱同样是现阶段我国草贸易遇到的难题。因此，探索一条新型的共赢草贸易模式势在必行。

第六章　新型牧草交易模式——“保险＋期货”

欧美国家的期货市场是在高度发达的现货交易基础上发展起来的。期货发展经历了传统的现货交易，之后逐渐出现了场外衍生品市场，即远期合约，后形成了目前规模的期货市场，最终形成了功能完备且成熟的大宗商品交易体系。期货市场通过发现价格功能不但可以形成行业，还有效指导现货市场生产。期货市场通过套期保值功能稳定农民收入、对冲市场风险。生产者和农产品需求方都能提前锁定自己理想的价格，获得较高的回报。另外，商业及农业保险还可以为农业生产提供再保障功能，再结合场外交易及期权交易等衍生工具全面保障农产品生产。在总结国外先进做法的同时，我国也积极实践并形成了中国特色的“保险＋期货”模式。从 2014 年至今，“保险＋期货”模式取得了较好的成绩，切实保障了农产品生产，并在“输血”扶贫转型“造血”精准扶贫过程中发挥着重要作用。

根据《Hay and Forage》杂志主编 Mike Rankin 的文章，早在 2016 年美国干草出口巨头 El Toro Export LLC 的负责人就已经为 USFEC 收集苜蓿期货发展可行性研究的资料。苜蓿干草的标准化程度和价格的频繁波动是尝试开展苜蓿期货的主要原因。苜蓿是美国第四大价值作物，交易量大的特点同样适合开展期货业务。该负责人还指出，在一篇源自加利福尼亚州大学戴维斯分校的文章中提到，苜蓿满足几乎所有期货商品的要求标准，包括价格波动、供求波动、商品交易量、产品标准化、价格信息的可用性及交易参与者数量等。USFEC 正在与芝加哥商品交易所集团研究苜蓿期货的合约设计和期货产品的评估。相信以苜蓿为主的粗饲料交易可以形成新的国际大宗商品定价权，直接影响未来全球粮食安全。

6.1　保险＋期货

“保险＋期货”理论出自 2014 年我国证监会和保监会委托大商所和中国人民财产保险公司开展的“农产品期货价格保险理论与实践”相关的研究，是近几年出现的非银行类金融企业的跨界尝试。在此理论的基础上，诞生了“保险＋期货”金融业务模式，此业务模式现阶段主要针对农产品品种开展业务。2018 年中央一号文件明确提出，深入推进农产品期货期权市场建设，稳步扩大“保险＋期货”试点，探索“订单农业＋保险＋期货（权）”试点，改进农村金融差异化监管体系，强化地方政府金融风险防范处置责任。

6.1.1　开展“保险＋期货”交易的必要性

我国农业生产者在生产及经营过程中受 3 个问题困扰：一是农产品价格风险是市场化过程中必须面对的问题，我国农产品市场的价格波动风险越来越大，农业生产者迫切需求避险机制；二是保护价粮食收购政策终结，缺乏替代性农业保障政策；三是现行农业保险未能达到农业保障效果，现行期货市场功能发挥受限。同时，农产品生产周期长，从生产到收获再到销售经过多个环节，天气、灾害等自然因素又参与其中，更增大了风险。农产品价格波动加剧，从计划经济进入市场经济后，市场通过供求关系影响农产品价格，丰产不丰收的案例比比皆是。我国农业小型生产的特性导致生产成本相对较高，国内外粮价常年“倒挂”，在这种情况下，农业生产者应对价格波动更加困难。传统农产品保险无法完全抵消农产品价格波动风险。农产品价格保险是传统农业保障的主要形式，究其实质是保障农产品价格。基于以往的数据，价格保险理赔概率远高于其他险种，当大的价格波动发生时，保费完全无法全部覆盖理赔金额，甚至长期处于亏损的状态。农产品生产者期货参与程度低是我国农产品期货市场的特点，期货市场与农业生产者对接不畅。首先，缺乏专业期货知识是农业生产者无法直接参与期货交易规避风险的主要原因；其次是资金制约农业生产者期货度，农民的可交易量远远小于期货市场手数的设定，更不可能逐日盯市增减保证金；再次，即使农业生产者参与期货市场，由于知识的不足，期货价格也很难指导生产；最后，我国期货市场缺乏农业生产者对接工具。像美国期货市场的谷仓电梯就完美地解决了农民期货市场参与度低的问题。“保险＋期货”就是现阶段我国期货市场与农户的绝佳对接工具。在保证对接的同时还应该加强农业生产培训，增强农民期货避险认识。虽然农业生产者可借助“农户＋公司＋期货市场”“农户＋合作社＋期货市场”和“农户＋基金＋期货市场”3 种模式参与期货市场，但仍然存在各种问题。加入 WTO 后，农业保障政策需要新的农业补贴工具，借鉴发达国家经验，“保险＋期货”是很好的选择。期货市场同样需要与农民对接的工具，农民期货参与度高，期货指导现货生产，才能让市场更加完善。实现期货与现货、场内与场外、境内与境外市场的互联互通，逐步形成具有国际影响力的大宗商品定价机制，更好地为我国实体经济的转型发展服务。农产品收储及加工企业同样需要“保险＋期货”模式规避风险。

综上所述，现阶段我国农业生产需要“保险＋期货”模式。

6.1.2 “保险＋期货”可行性

“保险＋期货”是风险管理机制下的供给侧改革和金融创新模式。经历了“保险＋期货”试点探索阶段后，国家逐渐加大资金投入力度、不断扩大实验范围，该模式连续多年出现在中央一号文件中，说明该模式已经得到中央的充分肯定。“保险＋期货”模式改变了期货公司和保险公司各自为战的模式，利用各自优势互补对方不足，将期货公司对冲价格波动风险的专业能力与保险公司丰富的保险产品研发经验及保险客户基础优势相结合，既发挥了期货公司的专业能力，服务“三农”和实体经济，又丰富了保险公司的产品种类，最终稳定农户收益，实现农户、保险公司、期货公司多方共赢。

“保险＋期货”模式的保障流程分为以下几个步骤：保险公司基于期货市场上相应的期货产品，开发农产品价格保险；农业生产者通过购买保险公司设计的农产品价格保险，保障收益；保险公司通过购买期货公司的衍生产品进行再保险，以对冲农产品价格波动可能带来的风险；期货公司在期货市场进行相应的对冲操作，进一步分散风险，形成风险分散、各方受益的闭环。政府部门、期货交易所为项目提供一些保费补贴或手续费减免支持，以降低项目运行成本（孙玉奎 等，2018）。

农产品风险包括：生产风险、价格保险和巨灾风险。通过“保险＋期货”二者相辅相成和取长补短，共同完善保障环境。生产风险主要通过保险或是再保险的方式进行分散；价格保险在期货期权市场通过对冲的机制来进行充抵；保险公司和期货公司合力为农业生产者搭建转移风险的通道，最终把风险分散到现货市场，使农产品价格保险落到实处，切实保障我国粮食安全。

综上所述,“保险＋期货”保障农业生产切实有效。

6.2 “保险＋期货”研究进展

农业收入保险起源于加拿大,最早获得成功在美国。1939 年美国开始针对小麦试点联邦农作物保险。农业保险是保障农业生产、规避农产品价格风险、提高农业生产者收入、提升农业国际竞争力的重要工具。国外学者的研究重点在收入保险领域,除收入保险外还涉及期权、期货及农产品贸易保护等。加入 WTO 后,随着我国农业保障政策的调整,在农产品市场与国际市场接轨的背景下,农业生产风险、农产品价格风险、农民收入保障及价格指数保险等慢慢成为国内学者研究的重点。随着供给侧改革的深入,以期货市场和保险市场形成的金融创新模式发挥着巨大作用。

Gray 等(1995)发现在实现保障农民收入这一目标上,农业保险比其他农业政策更加有效且成本更低。Skees 等(1998)从 1996 年的《农业法案》、1994 年的《农业保险改革法案》对农民的影响出发,提出一种可以降低农业风险的新型保险,即收入保险。Braga(1997)研究了农产品场外交易期权对于规避农产品市场风险的意义。Dhuyvetter 等(1999)认为,不同替代方案的平均收入相似,但实际生产历史保险和作物收入保险导致收入差异最小。套期保值的风险降低效应很小,随着套期保值的增加,作物收入保险对实际生产历史保险的优势也会减少。Coble 等(2000)发现收益保险对套期保值水平有正面影响。与同等水平的收益保险覆盖率相比,收入保险往往导致对冲需求略低。Chad 等(2001)认为,农产品收入保险比期货期权等市场风险管理工具对农民有更大的吸引力。Mahul(2002)认为,期货和作物产量保险被证明是补充,而期货和作物收入保险是替代品。期权的存在促使被保险人在期货市场采取更具投机性的头寸。在接受意愿方面,期货和期权将改善生产者的福利。2003 年 Sparks 公司总结了农产品价格保险相对于传统收入保险的优缺点。刘晶(2005)分析农产品价格风险成因及机理,借鉴西方国家农产品价格风险管理的经验,为我国农产品价格风险防范提供政策建议。刘岩(2008)认为,农户通过直接或者间接的方式利用期货市场,远期合约、期货合约及期权合约均有使用。陈波(2008)分析了期货、期权、远期合约等避险方式及政府在规避农产品价格风险中的作用。杜鹏(2011)通过调查访问研究了影响保险需求的各种因素,农业收入占比、农业人口数量、贷款经验、农业风险认知度、是否了解农业保险、保障水平、政府信任度和政府补贴与农业保险需求呈正相关;与农业保险需求呈负相关的因素只有个人承担保费水平。Karlan 等(2011)认为,农产品价格保险全部依赖价格风险,激励农户对农场进行投资是一个很好的方法。Isakson(2015)发现农产品价格波动的不确定性,刺激了农产品的发展,各种农业衍生产品被认为是应对风险的有效工具。但指数保险对于保护农民免受投资成本上涨的影响或应对不稳定的产出成本没有帮助。巴曙松(2013)的研究表明,可通过期货、期权等金融衍生品来降低中国农业保险的风险。张智敏(2013)对我国农产品期货市场效率进行实证研究,并着重探讨了“期货基金＋农险”的新型模式。杨军等(2015)分析了美国遭受旱灾玉米减产但农民收入不降反升的案例,结论是农业保险和期货保值方式为美国农民提供了有效保障。夏益国等(2015)在分析了美国生猪毛利润保险的设计机制后,发现将保险和期货两大金融工具结合起来有效解决了生猪生产及猪肉价格波动问题。王克等(2014)认为,我国现行种植业保险提高农民收入，但需要政府补贴。叶明华(2015)认为，保障农产品目标价格保险顺利推进须从保险供给与需求双向激励机制入手，同时以农产品期货价格作为农产品目标价格保险中保障价格的制定根据，使其更具市场性与科学性。张峭等(2015)认为，生猪价格指数保险方案设计的关键在于保险赔付指标、保障价格、保险期限、保险金额和赔付等要素的设计。李北新(2017)以玉米“期货＋保险”首单试点为例，认为期货与保险的结合是国家替代托市政策的新型工具。张秀青(2015)认为，期货市场具有价格发现功能，在农业保险设计和保险政策实施时可借鉴美国经验。马骏川(2015)通过分析农产品价格波动原因，指出现有农业保险的不足之处，建议推进特色农产品价格指数保险。中央一号文件提出，加快农产品衍生品市场发展及提高创新服务水平，探索建立农业补贴、信贷及农产品期货与农业保险联动机制。农民或农业企业通过保险公司购买农产品价格险达到确保收益的目的，保险合同中所涉及价格数据以大商所相对应期货数据为依据。保险公司通过购买期货公司、风险管理公司提供的场外看跌期权对冲其赔付风险。后者再利用其专业操作优势，在期货市场进行相应的看跌期权复制，从而转移和化解市场价格风险。农产品价格保险是国际上保障农民收入的主流做法，也是我国农产品收储政策之后被看好的替代政策。在“保险＋期货”模式下，以期货价格作为农业保险的定价基准，破解了农产品保险定价难的“瓶颈”，为推进农业供给侧结构性改革，厚植农业农村发展优势注入全新动力。“保险＋期货”的农产品交易模式有效解决了价格发现问题，与此同时优化了农产品政府补贴的有效性问题。“保险＋期货”模式是风险转移理论的创新。田辉(2016)指出，目前农产品价格保险处于发展期，试点区域及保费规模有限且财政补贴不足。林笑(2016)认为，“保险＋期货”模式结合保险和期货市场优势共同服务“三农”，有利于减少财政负担。郭蕙荞(2016)认为，“保险＋期货”金融创新是一种多方共赢的模式。农产品价格下跌，低于目标价格后，投保人从保险公司获得赔偿且保障收入，保险公司利用之前在期货公司购买的看跌权，行权获益。期货公司再把风险转移到广阔的期货市场中。安毅等(2016)认为，美国的农产品保险主要是收入保险，而我国是价格保险；美国保险公司利用购买看跌权套期保值，由于我国缺少期权合约，主要利用高成本的场外期权对冲。张峭(2016)认为，传统农产品价格保险投保率低的主要原因是保障价格确定困难和潜在的巨额赔付风险，基于期货市场的农产品价格保险可以解决这个问题。赵新慧(2016)认为，风险监管是“期货＋保险”服务农产品价格有效性的保障。孙蓉等(2016)认为，农产品期货价格保险有效保障农产品价格和粮食安全。王玉刚等(2016)认为，“保险＋期货”金融业务模式应该引入商业银行或信用社等金融机构，在信贷政策上给予涉农主体支持。但是“银行＋保险＋期货”的模式如果没有国家的政策倾斜很难达到预期的效果，银行和信用社与交易的期货品种并无任何依托关系，缺乏利益驱动。更加灵活的供应链金融适合参与“保险＋期货模式”，尤其是行业下游有产品自然需求、有实力的企业更愿意参加。叶明华等(2016)认为，农业保险与农产品期货协同发展有利于推动农产品金融一体化发展与农村普惠金融的实现。农作物保险公司如何使用看跌期权来对冲玉米的价格风险，结果表明无论何种风险厌恶程度，保险人都期望效用最大化而不会选择对冲，通过看跌期权的价格风险不是农作物保险公司潜在的可行做法。吴婉茹等(2017)认为，现行“保险＋期货”的保障力度仍然不足，建议把种子价格纳入保障，降低大户及合作社等用户的保费，加大政府补贴，引入银行贷款，尽快完善相应期权，成为农险共同体等。王亚宾(2017)提到，我国期货市场建设先天不足，交易品种少且缺少更适合农户和农业企业参加的期权交易品种，我国农产品期货的总成交额在近年来虽有所增加，但增长幅度不大，而且多数农产品的成交额呈下降趋势。农民对农产品期货的利用程度不足，这直接影响了农产品期货市场套期保值功能的发挥；农产品期货市场对参与者的交易量和资金额有较高的要求，农户与期货市场对接困难；农业保险发展态势稳定，但传统的农业保险更关注农业生产过程的保障，忽略了农产品价格波动带来的风险。借鉴欧美国家成熟的经验，利用价格保险和期货期权套期保值的工具，摸索适合我国的“保险＋期货”模式，是现阶段的不二之选。蔡胜勋等(2017)认为，受制于目前我国期货品种结构及场内期权的缺失，“期货＋保险”模式的推广任重道远，参照美国成熟期货市场需创新我国期货市场品种、完善期货市场功能，使其价格发现与风险规避功能得到最大程度的发挥。曹婷婷等(2018)在“保险＋期货”基础上形成了“保险＋期货＋银行”创新金融扶贫模式，引入银行作为战略合作金融机构，对参保农产品目标价格保险的农户进行金融服务。葛永波等(2017)认为，“保险＋期货”项目中部分期货产品流动性不足，限制功能实现。另外，保费偏高的问题，不利于农户参与度提高。陈维嘉(2017)指出，农产品期货发展健康稳定，相应的农产品期权交易正在设计当中。据来自两大期货交易所的消息，白糖、豆粕期权即将上市。有了场内期权，“期货＋保险”模式业务操作成本大大降低。王菲(2017)指出，“保险＋期货”模式近两年成为热点，被认为是护航“三农”经济发展的创新金融服务。自 2015 年推出试点项目以来，“保险＋期货”在实践过程中不断验证了其可行性，2017 年一批试点项目加快落地推进并顺利完成操作。2017 年上海期货交易所向金融机构发起了天然橡胶“保险＋期货”精准扶贫项目，为贫困地区的农业项目提供资金支持。孙清清等(2018)认为，WTO 把各国对农业的支持政策分为“黄箱”政策、“绿箱”政策和“蓝箱”政策。价格支持及直接支付同属“黄箱”政策，我国入世时承诺的“黄箱”补贴上限为 8.5%。目前，我国部分农产品补贴已经接近“黄箱”政策上限。“保险＋期货”不仅是我国农业保障支持政策“黄箱”转“绿箱”的有效手段，还是保障农民种植收入的重要工具。从“稳步扩大‘保险＋期货’试点”连续多年写入中央一号文件，可以看出中央对“保险＋期货”模式的认同和支持。迟子茗(2018)认为，我国“保险＋期货”模式处于初级阶段，通过蛋鸡养殖案例的分析，看到“保险＋期货”形成了养殖企业、合作社和养殖户多赢的局面。但问题依然存在，资金支持力度不足、监管体系不完善等问题应该引起重视。借鉴美国发展经验，结合现阶段我国国情，找到最优的“保险＋期货”服务模式，是今后一段时间的工作重点。

根据国内外学者的不同声音，现阶段我国农业供给侧结构性改革，增加农民收入，需要“保险＋期货”创新金融模式保障农业生产及流通安全。经过多年的试点和经验积累，“保险＋期货”模式在玉米、鸡蛋、白糖、橡胶等多个农产品期货交易领域创造了多个成功案例。但是，在交易的过程中也发现了不少问题：目前，场内期权品种依然缺乏，郑商所 12 个农产品期货品种，只有棉花和白糖 2 个期权产品，大商所 10 个农产品期货品种，也只有玉米和豆粕 2 个期权产品，上期所拥有天然橡胶期货及期权产品各 1 个，我国农产品期货、期权品种数量都有待增加；保险公司品种设计难度大且频繁，“保险＋期货”取得不错成绩后，业务量增长较快，经过了大量的品种设计后，保险公司发现不同的农产品期货保险设计可参照性极低，且产品设计难度大；期货公司成本高且存在税务风险，现阶段我国期货市场期权产品较少，保险公司和期货公司主要利用场外交易规避风险，成本较高且存在税务风险；国家补贴力度不足问题突出。相信随着改革的深入以上问题都能找到完美的解决方案。综上研究表明，“保险＋期货”交易模式可以转移农产品价格风险，保障农业生产者收入；扩大保险公司和期货公司的业务范围，通过“保险＋再保险”的方式合力保障农业生产，最终形成农业生产者、保险公司、期货市场及国家农业保障的共赢局面。

除了以上国内外学者的研究，近年来我国的中央一号文件也把“保险＋期货”模式作为实践重点。在2014年试点“保险＋期货”模式的基础上，2015年中央一号文件提出创新农产品流通方式，发展农产品期货交易，开发农产品期货交易新品种。2016年中央一号文件提出完善农业保险制度，把农业保险作为支持农业的重要手段，扩大农业保险覆盖面、增加保险品种、提高风险保障水平，稳步扩大“保险＋期货”试点。利用国际资源和市场，优化国内农业结构，缓解资源环境压力。加强与“一带一路”共建国家和地区及周边国家和地区的农业投资、贸易、科技、动植物检疫合作。2017年中央一号文件提出加强农业对外合作，推动农业“走出去”。以“一带一路”沿线及周边国家和地区为重点，支持农业企业开展跨国经营，建立境外生产基地和加工、仓储物流设施，培育具有国际竞争力的大企业、大集团；扩大银行与保险公司合作，发展保证保险贷款产品。深入推进农产品期货期权市场建设，积极引导涉农企业利用期货期权管理市场风险，稳步扩大“保险＋期货”试点。2018年中央一号文件提出深化与“一带一路”共建国家和地区农产品贸易关系，积极支持农业“走出去”，培育具有国际竞争力的大粮商和农业企业集团；深化农产品收储制度和价格形成机制改革，加快培育多元市场购销主体，改革完善中央储备粮管理体制。通过完善拍卖机制、定向销售、包干销售等，加快消化政策性粮食库存。落实和完善对农民直接补贴制度，提高补贴效能。健全粮食主产区利益补偿机制。探索开展稻谷、小麦、玉米三大粮食作物完全成本保险和收入保险试点，加快建立多层次农业保险体系；深入推进农产品期货期权市场建设，稳步扩大“保险＋期货”试点，探索“订单农业＋保险＋期货(权)”试点。2019年中央一号文件提出实施重要农产品保障战略，扩大农业大灾保险试点和“保险＋期货”试点，加强“一带一路”农业国际合作，主动扩大国内紧缺农产品进口，拓展多元化进口渠道，培育一批跨国农业企业集团，提高农业对外合作水平。

总结近5年中关于农业保障和市场优化调整的政策，可以看出，国家对农产品期货期权及金融衍生物市场建设的决心和通过农业保险“黄箱”转“绿箱”保障农业生产的信心，通过“一带一路”合作推进中国农业企业“走出去”，创建合作共赢的国际农业合作贸易模式，提升农业国际竞争力，进一步保障我国粮食及饲料安全。

6.3 牧草“保险＋期货”交易初探

期货市场建立的目的就是利用期货市场的套期保值功能来转移和分散农业市场风险，利用期货市场的发现价格功能来稳定农产品的供求关系和价格，利用期货市场的资源调节功能来调控农业生产和合理配置农业资源，利用期货市场的标准功能来促进农产品质量标准的统一，通过农产品期货市场为农业产业化提供金融服务。期货的核心是服务实体经济，19世纪初期，芝加哥是美国最大的谷物集散地，随着谷物交易的不断集中和远期交易方式的发展，1848年，由82位谷物交易商组建了芝加哥期货交易所，建立之初就有明确的服务对象，只有为实体经济提供服务才能形成更大的市场，满足了供应方和需求方的诉求，才能形成牢固的贸易合作关系。

6.3.1 牧草“供应链金融＋保险＋期货”交易模式的构想

草产品的供应方需求来自国内规模化牧草种植企业、境外规模化牧草种植企业、国内草产品供应商、境外草产品供应商、牧区及农区的草产品生产者及合作社。需求方需求来自大型乳企的奶牛饲养场、大型肉企的规模化养殖场、合作养殖机构及临近亚洲国家的牧场。

2019 年 2 月 13 日，中国人民银行联合银保监会等多部门联合印发的《关于金融服务乡村振兴的指导意见》提出将组建中国农业再保险公司，完善农业再保险体系（宗禾，2019）。国内两大农产品期货商品交易所设计的草产品期货及期权与现有农业保险经营机构或未来的中国农业再保险公司共同完善形成的草产品“保险＋期货”合作模式，从农业生产者角度，保障收入同时稳定农业生产；从期货市场角度，一方面可以利用期货市场价格发现功能形成公开透明的草产品交易行情指导现货交易及草产品生产，另一方面通过套期保值功能转移价格风险，更好地服务“三农”，保障草牧业实体经济，丰富期货市场产品种类和扩大市场规模；从保险公司角度，丰富保险品种、扩大保险市场，积累更多经验，形成农业补贴、涉农信贷、农产品期货（权）和农业保险联动机制，优化农业保险结构；从国家角度可通过新的低风险保险手段保障草牧业发展，减少 WTO 贸易争端，促进财政资金合理利用，促进我国草产业建设，扭转目前草产品过分依赖进口的局面。未来更可通过“一带一路”的建设满足亚洲地区强烈的牧草需求，逐步形成以人民币结算的国际草产品交易市场，提升我国在国际粗饲料市场上的话语权。

近年来的“保险＋期货”实践也遇到了一些问题，小型农业生产者保险意识薄弱，保费需要财政或机构补贴才能参与；部分项目基于现货价格制定“保险＋期货”目标价格，增加机构风险和操作难度；多数农产品不能进行场内期权交易，大大增加期货公司操作成本及税赋风险；项目需求旺盛但国家补贴资金有限；监管体系没能跟上金融创新的步伐导致监管缺失等。结合“保险＋期货”及草产品现货市场遇到的问题，草产品“保险＋期货”模式引入草产品需求方供应链金融合作，鼓励国内大型规模化牧场为草产品生产方提供供应链金融服务，形成“草供应链金融＋保险＋期货”的三重保险局面，更好地保障草产品生产、草食家畜饲草供应和我国农业安全。供应链金融公司可以在牧草种植之初，为草产品生产者提供资金，满足种植方生产资料购置及草保险保费所需资金，并签订可选择的生产合同，既可以保障生产，又能够解决国家和地方政府的保费资金压力；种植期间供应链金融公司制定产品生产要求并指导生产确保草产品品质，收获加工时期负责牧草的机械化加工和加压打捆，确保草产品达到期货市场准入标准，既保证了牧草的品质标准，又解决了牧草生产机械化成本过高的问题，通过大集团的资金优势集中采购农机具，再通过合作共享农机的形式赋能产业链上游，与仓储和物流的赋能协同，形成覆盖生产、加工、仓储、物流的牧草全产业链，最终获得优质草产品；借鉴美国生产合同模式及谷仓电梯现金收购模式，售卖时既可以选择期货交易也可以选择现金交易，如果选择期货交易模式就要支付供应链金融服务费用，如果选择现金收购就按之前的合同定价现金收购，形成更加灵活的期现结合交易模式。选择期货交易既可以直接参与期货市场交易，也可以采用草仓交易（图 6.1）。草仓交易就是在草产品期货交割仓发生的交易。草仓交易是借鉴美国粮食交易过程中形成的谷物电梯交易模式得来。草仓交易允许农户或合作社与草仓现金交易，是农户及合作社间接参与期货市场的有效工具。该模式的另一个好处是在“保险＋期货”外又增加了牧草需求公司的全产业链支持再保障。这种保障既符合生产者利益，又保证需草方的用草安全，关键是提高了大型牧场的交易参与度，大型牧场也可以通过期货市场规避牧草价格风险，为我国牧

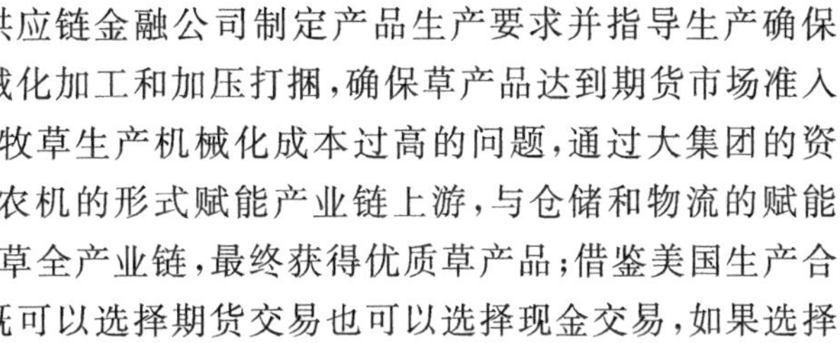

图 6.1　“供应链金融＋保险＋期货”草贸易交易类型

场摆脱美国牧草束缚提供新的途径。

6.3.2 牧草期货品种筛选及可行性实证研究

期货新产品研发包括9个阶段:品种筛选、品种调研、品种设计、品种论证、品种报批、品种营销、品种上市、品种培育和品种维护。为研究我国牧草期货的可行性,本节选取品种筛选和品种调研阶段进行研究。

根据上期所、大商所和郑商所多年积累的商品期货经验,进行期货品种筛选时应当遵循“三个有利于”原则,即“有利于发挥期货市场服务国民经济的功能和作用、有利于交易所发展战略的实施、有利于新产品领域的拓展或现有品种系列的完善”(魏振祥,2017)。具体实施从以下3个方面进行筛选。

(1)必要条件:价格的市场化程度低,未形成价格垄断,政策限制少;价格波动大;品质标准化程度高,储存、等级、质量稳定性高,各产地质量差异小;交割方式和仓库布局等易确定;现货规模大,可供交割量充足;易于存储和运输。

(2)市场活跃条件:产量(期货标的物产量)、产值(期货标的物产值)和商品量适中;商品区域集中度高;参与群体广、实力强;市场垄断性低,价格主要由市场形成,生产、消费不太集中;现货市场基础好,行业对期货市场需求高;与国外期货联动性好;社会公众熟悉程度高;行业发展前景好。

(3)意义重大:有利于开拓新的品种领域;有利于品种系列的扩展;有利于国家大政方针的贯彻落实;易审批。

品种筛选初期选择苜蓿干草、天然草干草、燕麦草干草3个品种进行。根据大商所和郑商所的经验,综合以上筛选条件,影响期货品种筛选更直接的因素包括:价格波动且无垄断、市场规模大(200亿元人民币以上)、易交割耐存储(产品至少可以储存1年以上)、易运输4个方面因素。经过走访、调查、查找行业资料,形成期货品种筛选表,见表6.1。最终排除产量及交易规模都较小的燕麦草干草,舍弃有政策限制、成分不稳定、单位运输成本高的天然草干草,保留苜蓿干草。

表6.1 牧草期货上市品种筛选

筛选指标	苜蓿干草		天然草干草		燕麦草干草	
	中国	美国	中国	美国	中国	澳大利亚
2016年产量(万吨)	3021.00	5860.00	30000.00	7548.00	268.00	130.00
2016年消费量(万吨)	198.68	未统计	21.40	未统计	27.00	未统计
2016年进口量(万吨)	138.79	未统计	7.53	未统计	22.27	未统计
2016年进口额(亿美元)	4.46	未统计	0.04	未统计	0.73	未统计
价格波动	符合	符合	符合	符合	符合	符合
有无期货	无	有	无	无	无	无
符合期货标的物的大小	是	是	是	是	是	是
品质标准	有	有	有	有	有	有
是否耐储存易储存	是	是	是	是	是	是
流通方式	现货流通	现货流通	现货流通	现货流通	现货流通	现货流通

续表

筛选指标	苜蓿干草		天然草干草		燕麦干草	
	中国	美国	中国	美国	中国	澳大利亚
单次贸易量(吨)	20～30	20	20～30	20	20～30	未统计
运输方式	公路	公路	公路	公路	公路	公路
供求是否平衡	不平衡	平衡	平衡	平衡	不平衡	平衡
政策限制	鼓励	不利政策	限制	鼓励	鼓励	鼓励
有无期货替代产品	无	无	无	无	无	无
行业前景	上升	下降	下降	上升	上升	上升

注:资料来自调查走访、《2017 中国牧草统计资料》《中国草业统计 2017》、海关数据及中美期货市场数据。

根据期货新品种上市的 3 类条件,从中选取 5 个变量,借助因子分析法,利用 2016 年全年行业、期货市场及中国海关的数据,以苜蓿与其他 8 种农产品进行比较,探讨苜蓿期货上市的可行性。可行性变量选取如表 6.2 所示。

因子分析的主要目的是用来描述隐藏在一组测量到的变量中的一些更基本但又无法直接测量到的隐性变量。通过提取共性因子来反映原有变量的绝大多数信息,基本的因子模型可表示为:

$$X_i=a_{i1}F_1+a_{i2}F_2+\cdots+a_{im}F_m+\varepsilon_i$$

其中,$i=1,2,\cdots,p$。

$$\boldsymbol{A}=\begin{bmatrix}a_{11} & a_{12} & \cdots & a_{1m}\\ a_{21} & a_{22} & \cdots & a_{2m}\\ \cdots & \cdots & \cdots & \cdots\\ a_{p1} & a_{p2} & \cdots & a_{pm}\end{bmatrix}=(A_1,A_2,\cdots,A_m)$$

$$\boldsymbol{X}=\begin{bmatrix}X_1\\ X_2\\ \vdots\\ X_p\end{bmatrix},\boldsymbol{F}=\begin{bmatrix}F_1\\ F_2\\ \vdots\\ F_m\end{bmatrix},\boldsymbol{\varepsilon}=\begin{bmatrix}\varepsilon_1\\ \varepsilon_2\\ \vdots\\ \varepsilon_p\end{bmatrix}$$

表 6.2　苜蓿期货上市可行性变量

变量	变量涵义	变量性质
X_1	价格波动	正向性指标
X_2	农产品产值	正向性指标
X_3	标准得分	正向性指标
X_4	交割仓数量	正向性指标
X_5	政策得分	正向性指标

注:变量选取参考大商所和郑商所上市条件建议。

选取已经作为农产品期货上市交易的玉米、豆粕和菜籽粕,以及美国苜蓿、美国期货玉米和美国期货豆粕,与苜蓿、燕麦草及苜蓿草粉草颗粒共 9 个品种进行因子分析,探索苜蓿期货可行性,结果见表 6.3 至表 6.6。

表 6.3　因子分析的初始解

变量	公因子方差	
	初始	提取
价格变动	1.000	0.917
产量	1.000	0.533
标准得分	1.000	0.902
交割仓数量	1.000	0.845
政策得分	1.000	0.449

表 6.4　因子得分系数矩阵

变量	成分得分系数	
	1	2
价格变动	−0.181	0.650
产量	0.327	−0.062
标准得分	0.223	0.537
交割仓数量	0.409	−0.006
政策得分	−0.300	0.033

表 6.5　因子解释原有变量总方差

成分	总方差解释								
	初始特征值			提取载荷平方和			旋转载荷平方和		
	总计	方差百分比/%	累计贡献率/%	总计	方差百分比/%	累计贡献率/%	总计	方差百分比/%	累计贡献率/%
1	2.255	45.110	45.110	2.255	45.110	45.110	2.245	44.901	44.901
2	1.391	27.823	72.933	1.391	27.823	72.933	1.402	28.032	72.933

公共因子的个数一般根据因子累计方差贡献率来确定，选取累计方差贡献率大于 70%时的特征根个数为因子个数。由表 6.5 可得，前 2 个因子的累计贡献率达 72.93%，故选取前 2 个因子，这 2 个因子反映出原始变量的大部分信息，其结果也有较强的解释意义。

第一公因子 F_1 由产量、标准得分和交割仓数量组成，第二公因子 F_2 由价格波动和政策得分组成。

由以上数据分析，苜蓿上市得分计算公式为：

$$F=0.045F_1+0.028F_2$$

表 6.6　综合得分及排序

品种	得分	排名
美国玉米期货	0.07595759	1
美国苜蓿	0.04816505	2
豆粕期货	0.03975211	3

续表

品种	得分	排名
美国豆粕期货	0.02612432	4
玉米期货	0.00124507	5
菜籽粕期货	−0.00445664	6
苜蓿	−0.04579605	7
苜蓿草粉草颗粒	−0.06493563	8
燕麦	−0.07605582	9

从排名来看，结果基本反映我国与美国现货和期货市场现状，苜蓿期货开发可行。但由于抽样适度测定值刚刚达到标准值，反映问题不够全面。丰富期货上市条件因子的数量和对比期货品种的数量，是下一个阶段的研究重点。

根据美国经验、市场调查、期货品种筛选及期货可行性研究，目前我国苜蓿草的标准化程度和生产规模更适合开发期货合约。据《2017 中国牧草统计资料》表明，甘肃亚盛田园牧歌、秋实草业、内蒙古草都、辉山乳业、内蒙古黄羊洼、内蒙古青青草元、内蒙古圣牧草业、宁夏农垦茂盛草业、新疆呼图壁、鄂尔多斯盛世金农、内蒙古正时农业、星圣农业、内蒙古伊禾绿锦、甘肃杨柳青、黑龙江艾禾草业、通辽牧源农业、宁夏荟峰、沧州锦牧饲料、达布锡草业、山东阳谷凤祥草业 20 家公司是我国规模化苜蓿生产企业。2016 年 20 家企业上报产量 95.65 万吨；2016 年全国苜蓿干草产量 3021 万吨，其中甘肃 692.5 万吨、新疆＋兵团 594.9 万吨、陕西 423.8 万吨、宁夏 253.5 万吨、内蒙古 250.7 万吨、山西 203.0 万吨、贵州 167.4 万吨、云南 85.4 万吨、辽宁 78.0 万吨、河北 73.2 万吨、青海 38.0 万吨、西藏 37.1 万吨、河南 33.5 万吨、黑龙江＋农垦 33.3 万吨、山东 17.2 万吨、吉林 13.7 万吨、其他地区 25.8 万吨；2016 年苜蓿干草进口总量 168.6 万吨。主要进口公司包括内蒙古盛德和泰、现代牧业、大连东马、澳亚牧场、北京贝利、上海农工商集团、恒天然、天津首农东疆牧业、天津挺汇、上海延华、中国中材、北京牧华源、蒙澳富源、内蒙古圣牧高科、华川高新、上海铭城、新希望、青岛谷果、上海东秀、上海炫烨等。

从以上数据发现，中国牧草生产格局同样是“小草业”与“大市场”对接。2016 年规模化苜蓿生产只占总产量的 3.17％，大量的苜蓿生产依然由农户及农民合作社生产。草仓交易可以更好地对接草期货市场与农户及合作社，解决“小草业”与“大市场”的对接问题。

大型苜蓿生产企业、农民合作社、农民是苜蓿的主要生产者，依赖美国苜蓿进口公司可开发为牧草供应链服务商，联合保险公司、期货公司共同组成交易闭环。

交易分为 3 种类型：期货交易、订单交易、草仓交易。期货交易可直接进行，但要求生产者有一定的期货投资经验，适合合作社或专业公司；订单交易是一种选择交易，如采用合同价直接与供应链金融服务商现货交易，如果选择期货价格交易要扣除供应链金融服务费用；草仓交易借鉴美国谷仓电梯交易模式，适合农业生产者间接参与期货市场，直接跟本地交割仓现金交易即可。

“保险＋期货”草交易模式既可以满足现阶段我国牧场及草业生产者需求，又可以通过期货这个国际化的手段与世界接轨，在“一带一路”合作中发挥更加巨大的作用。一方面通过“供应链金融＋保险＋期货”模式“走出去”，保障我国粮食安全；另一方面利用区位优势借助“一带一路”合作形成辐射亚洲的草产品交易市场，获取草产品国际话语权。

虽然美国芝加哥商品交易所集团已经在积极准备苜蓿期货合约，但目前国际上还没有草产品期货期权合约。我国的大商所及郑商所更应该把握住机遇，积极发展期货市场。

6.4 牧草拍卖模式

考虑到现阶段我国并没有草产品期货期权市场，为了满足国内的草交易和“一带一路”国际草产品贸易的需求，目前可采用另一种国际贸易常用交易手段——拍卖。

美国国内草产品交易的主要形式就是拍卖交易。如果可以借鉴生产合同结合拍卖交易同样可以解决部分问题，形成“供应链金融＋保险＋拍卖”的草产品国际化市场，在这种交易中同样要强调牧草需求方的参与，如果牧草需求企业想保障饲草稳定供应，一定要通过供应链金融布局生产端。另外，拍卖交易也是我国现货电子交易转型的主要方式，有很好的市场基础和运营经验，如渤海商品交易所已完全具备开展业务的条件。利用我国近年来快速发展的互联网及大数据优势，形成覆盖“一带一路”沿线国际化的草产品拍卖市场。

第七章　基于“一带一路”的粮食安全布局

2018年中美贸易摩擦，再一次给我国粮食安全敲响了警钟。过度依靠美国农产品的贸易模式风险较高，如遇到突发事件应对困难。除了增强我国粮食内在供给能力外，积极寻找替代市场，丰富农产品进口渠道也是当务之急。借鉴粮食自给率较低的日本、韩国及海合会国家粮食安全保障经验，结合我国粮食安全实际，开展基于“一带一路”合作共赢的农业海外布局。在追求我国粮食安全时兼顾他国及他国人民利益，在谋求我国农业企业海外快速发展时促进被投资国农民增收及农业共同发展，合力构建人类命运共同体（习近平，2015）。

7.1　中国农业海外投资

根据国家统计局对外发布的数据，我国农业对外直接净投资额在2006—2016年的10年间，从1.9亿美元增至32.9亿美元，年增幅33%左右。2013年中国对外农业投资首次超过外资在中国农业领域的投入，标志着我国进入农业海外投资的全新阶段（姜小鱼 等，2018）。我国对外农业投资区域包括：东南亚、俄罗斯、南美洲、非洲及大洋洲，其中东南亚占比最高，对非洲农业投资有相当一部分是粮食援助计划。近年来我国也出现了参与发达国家农业投资的案例。国有企业是我国对外投资的主力，近年来更多有实力的民营企业也加入到了农业海外投资的大军中。

中国农业海外投资的主要模式有3种：绿地投资、参股合作和跨国并购。绿地投资多为去被投资国建厂，然后以独资或合资的形式运行，既有利于投资国增产，又解决了被投资国就业及农民增收问题。绿地投资是我国早期农业海外投资最主要的形式（刘乃郗 等，2018）；通过参股合作的方式获得海外农产品也是我国常用的投资手段，受贸易保护主义抬头等因素影响，该模式开展经常遇到困难；跨国并购又称褐地投资，指并购被投资国农业企业或农业资源，这种方式在次贷危机及粮食危机后成为我国对外农业投资的主要手段。

我国农业对外投资存在的问题有以下几个方面：土地海外农业投资受限（杨兴锐 等，2019），我国的农业海外投资错过了前两次以土地为代表的海外农业资源投资潮，第一次投资潮发生在19世纪末20世纪初，第二次发生在第二次世界大战后至20世纪80年代，第三次发生在次贷危机之后，虽然我国政府从2004年开始就鼓励有实力的农业企业开展海外投资，但真正大规模的投资出现在几年之后，第三次土地投资潮的诱因是两次粮食危机，粮食危机后各国政府海外土地投资难度变得更大；企业规模小，应对风险能力较弱，国际化经营能力差，缺乏国际化经营人才，我国农业海外投资企业与垄断国际农产品市场的四大粮商仍有较大差距；个别国家存在政治风险，导致投资环境较差，企业不了解当地情况，导致投资风险较高；我国农业海外投资缺乏国家层面的整体规划，投资前的调查、核实及风险评估环节不完善，个别企业存在盲目投资的现象；海外投资缺乏保障，相关政策发展滞后，无法高效服务海外投资企业；个别国有企业海外农业投资出现国有资产流失现象；部分企业缺乏竞争意识，“走出去”的动力不足，安于依赖进口的现状；部分产品存在进出口政策限制；避免“新殖民主义”舆论，成为海外农业投资面临的新问题，企业应该尽量减少土地购买，鼓励发展订单农业。

农业海外投资的重要性有以下几个方面：我国农业海外投资有助于抓住经济全球化带来的机遇，利用机遇，优化资源配置，提高资源配置效率，因为经济全球化的加速发展，使得生产要素跨国流动速度加快，各个国家只有把握主动，积极全面深入参与国际合作与竞争，才能在国际竞争与合作中立于不败之地，才能不断地提高自己的竞争力，也只有加快农业“走出去”，才能更快地跻身于国际市场，加强农业的合作与交流，在更广泛的范围内来配置资源，提高资源配置效率，只有这样才能更好地抓住经济全球化带来的机遇；“走出去”是充分利用两种资源、两个市场，实现互利共赢合作的需要，每一个国家的资源和市场都是十分有限的，要突破自身资源和市场的限制，实现可持续发展，就必须“走出去”，必须全面参与全球资源的开发合作，实现优势互补，促进资源配置效率的提高。改革开放以来，我国在农业技术、资本积累，现代企业的成长和农业技术队伍的形成方面都取得了长足的发展，形成了一定的优势，加快“走出去”的步伐，有利于充分发挥这方面的优势，从而促进与其他国家的互利共赢合作。

7.2 USDA视角下的中国农业海外投资

根据美国农业部Elizabeth Gooch等人2018年的报告整理，中国对农业资源和技术的需求以及巨大的财政影响正在推动中国对海外农业和食品领域的投资快速增长。这一趋势反映了中国企业日益增长的全球抱负，并吸引了全球企业和政府领导人的关注。

据中国农业部统计，2016年有1300多家中国企业在农业、林业和渔业方面进行海外投资，投资额为260亿美元。投资包括农作物种植、畜牧业、渔业、加工、农业机械、种子和物流，投资超过100个国家。中国国家统计局报告称，2010—2016年，农业、林业和渔业的海外投资增长了5倍。中国对粮食进口的依赖程度越来越高，中国对国家粮食安全的担忧以及外汇储备的增加是导致农业对外投资增长的两个主要因素。

中国海外农业投资初级阶段，主要集中在作物生产、渔业以及加工行业需要的原材料上。俄罗斯和邻近的亚洲国家更受中国企业关注，价格低廉且未充分利用的土地极具吸引力。之后中国与东南亚国家联盟(Association of Southeast Asian Nations，ASEAN)签订自由贸易协定，中国在东南亚的投资主要集中在棕榈油、木薯、糖、水果和木材等热带作物上。该阶段中国在亚洲的涉农投资约占国外农业总投资的一半左右。近年来，中国已将其海外农业战略的重心转移到收购欧洲、北美洲和大洋洲成熟的农业企业上。其中典型的案例有：中国化工集团以430亿美元收购瑞士农场化学品和种子公司先正达；万洲国际集团收购了史密斯菲尔德食品公司；中国粮油食品公司收购两家主要农业贸易公司Noble Agri和Nidera；中国最大的动物饲料公司新希望集团在澳大利亚和新西兰以投资、合资及收购等形式与当地企业合作，以满足中国消费者对乳制品、牛肉和羊肉等动物蛋白日益增长的需求；上海鹏欣集团旗下的湖南大康牧业公司以2.86亿美元购买了巴西Fiagril公司的57%股份，上海鹏欣集团的这次收购行动是中国企业收购巴西农业公司的最大一笔交易；中粮集团也曾经通过收购荷兰Nidera BV公司和来宝集团的股份来控制巴西大豆贸易资产。2015年12月23日，中粮完成了对来宝集团100%股权的控制。中粮集团2014年踏足巴西大豆业，到2017年中粮已经成为巴西大豆第三大出口商，仅次于邦吉及丸红株式会社，一跃超过了嘉吉、路易达孚等国际粮商。2018年3

月，由中国交通建设公司与和润集团有限公司参与投资建设的巴西圣路易斯港项目举行奠基仪式，这是中国企业参与巴西交通基础设施领域的首个建设项目，建成后将成为巴西最大的散杂货深水港之一，和润集团为该码头配套建设了全球首创的18万吨粮食专业运输船舶。

中国农业农村部报告称，2017年农业进口额超过1250亿美元，高于10年前的410亿美元。增长反映了大豆和猪肉等特定商品进口量的增加以及进口商品的扩大。中国消费者对产品种类的需求不断增加，从过去对大米和小麦等主食的需求发展到对橄榄油、婴儿配方奶粉等更高级产品的需求。也正是这些需求刺激了中国企业对海外土地、境外成熟品牌及更先进技术的商业投资，旨在从市场增长中获利。与此同时，提供各种激励措施也引导企业投资者朝着实现目标的方向发展。

中国改变了国家粮食自给自足的目标，鼓励企业更好地控制进口农产品的供应链。“两个市场，两种资源”战略要求通过国内和国外供应的组合来满足中国对农产品的需求。该战略鼓励中国企业参与进口商品供应链的各个环节，以赚取利润并对价格产生影响。

该战略反映在鼓励海外投资的各种文件和文章上。例如，一系列中央一号文件不仅列出了农村政策，其中还包含了越来越具体的投资策略。2007年发布了鼓励对海外农业投资的报告之后，海外农业企业数量首次激增。2010年，中国呼吁采取支持性政策，鼓励海外投资。2014年加快农业对外投资战略，培育具有国际竞争力的大型粮油企业，旨在让中国公司更好地控制油籽和谷物进口。同年，中粮集团收购了Nidera和Noble Agri，中粮集团成为全球最大的资产价值贸易公司之一。2015年推广国外科技示范园区，实施政策以支持外国农业生产所需的设施、设备和投入。2016年加强与“一带一路”共建国家和地区接壤的农业投资，培育国际粮食贸易商和农业集团。2017年支持正在开发外国生产基地、加工、储存和物流的跨国农业企业，专注于“一带一路”，培养具有国际竞争力的大型企业集团。2018年的文件重申了对海外投资的普遍认可以及创建跨国粮食贸易和农业集团的目标。2019年中央一号文件指出，加快推进并支持农业“走出去”，加强“一带一路”农业国际合作，主动扩大国内紧缺农产品进口，拓展多元化进口渠道，培育一批跨国农业企业集团，提高农业对外合作水平，加大农产品反走私综合治理力度。

“一带一路”是中国与欧亚国家之间的连通与合作发展倡议。将“农业投资”纳入更广泛的地缘政治目标，突出表现在“一带一路”合作中。2015—2018年中央农村政策文件中，强调农业投资、技术援助和农业贸易是“一带一路”倡议的关键部分，该倡议旨在加强中国与亚洲、非洲和东欧农业国家的贸易和投资关系。

2015年发布的关于在海外建立农业科技园区的指示，反映了中国成为国际技术合作领导者的愿望。目前，海外农业科技园在坦桑尼亚和俄罗斯东部已经有了成功的实践。与这些举措相关的许多项目，既可以作为外援项目，也可以作为中国企业获得农业原料的渠道。

但是，中国的投资之路并非一帆风顺。中国的部分海外投资未达到预期规模，有不少被放弃。许多公司已经从海外农业转向收购现有公司、营销和加工资产。为支持投资，中国政府组织正在设立培训课程、信息交流中心和补贴保险，并积极升级入境口岸和建设海外农业科技园区。

针对许多国家在中国海外投资项目上所表达的担忧，中国建议海外投资公司更多地关注在东道国建立商誉，强调项目“双赢”，为贫困农民提供技术培训及引导他们进入新的市场。为谋求共同利益，传播新技术和开辟新市场以换取更多原料供应是中国在亚洲和非洲地区农业投资的主题。

虽然中国企业在外国农业上的支出很大,但与中国的农业进口相比却是适度的。2016年,中国的外国农业投资仅相当于当年农业进口额的3%。此外,农业投资在中国海外投资增长方面落后于其他行业。2012—2016年,农业、林业和渔业占中国对外投资的1.7%左右。相比之下,农业在中国国内生产总值中的份额约为9%。

中国投资的增长似乎即将到来。中国正在支持农业投资,将其作为中国"一带一路"倡议的核心组成部分。更多的中国企业通过欧洲和北美洲的投资获得先进农业技术、加工工艺和物流专业知识,进一步促进中国农业现代化。中国的目标是加大进口供应链的控制,并提高全球商品价格影响力,这可能会推动其对贸易、物流及商品市场的进一步投资。

今天,中国的全球农业投资就像几十年前的日本投资一样。通过20世纪80年代和次贷危机后2008—2009年及2011—2012年两次全球粮食价格危机,日本大量进行海外农业投资。日本公司形成了在巴西大豆出口市场和中国蔬菜及家禽出口市场较强的影响力。日本农产品贸易公司甚至通过大量并购和合资控制了部分美国谷物和油籽采购市场,日本拥有大量的美国谷仓电梯,直接参与美国谷物油籽收购,积累了大量的农业供应链经验。当时,很多人担心日本在20世纪70年代和80年代的农业及粮食投资对美国农业构成了威胁。然而,今天美国仍然是日本农产品进口的主要供应国,日本对美国农田和农业综合企业的所有权依然处于可控范围。中国的投资可能会影响边际贸易模式,中国巨大的资源缺口、有限的生产能力、过高的商品价格及汇率等因素会保持中国农业进口的增长态势。但不可否认,中国的投资一定会在特定行业、公司和地区创造新的机遇,带来新的价值。

7.3 中欧班列与我国粮食安全布局

中欧班列是"一带一路"倡议的重要内容。经过7年多的快速发展,中欧班列不仅在开行规模、覆盖范围、货运品类等方面实现重大突破,而且形成了相对清晰的运营模式和相对稳定的运营格局(马斌,2018)。中欧班列运行线路包括西、中、东3条通道:西部通道由我国中西部经阿拉山口(霍尔果斯)出境,中部通道由我国华北地区经二连浩特出境,东部通道由我国东南部沿海地区经满洲里(绥芬河)出境,沿途经过各"一带一路"国家,最终到达欧洲。

根据中华人民共和国中央人民政府网站公布的数据,中欧班列从2011年全年开行17列,发展到2018年8月班列总开行10000列。回程班列从2014年开始运行,截至2018年回程班列数量占比1/3左右。运输覆盖范围及货运品种逐渐增加。

中欧班列运输优势有:由中欧定点、定线路、定车次、定舱位、定时间、定价格;运输时间为海运的1/3,运输价格是空运的1/4;采取一次申报、一次检验、一次放行;全程门到门服务,受理整箱拼箱业务;适用产品广,配套跟内置电池可当普货走;海外仓自有华侨员工,及时快捷处理突发问题。

中欧班列运行中发现的问题有:回程货源组织困难;运营需要地方政府的持续补贴;沿途国家基础设施落后;各国铁路轨距不统一,换轨问题严重限制及制约运输效率(丁丽媛,2018)。

除了回程货源问题,其他问题都不是主要限制因素,只要往来贸易存在,其他的几个问题都会随着"一带一路"合作的推进逐一解决。

返程货源的组织问题可以参考美国的苜蓿干草出口。中、日、韩及海合会国家所在的亚洲地区是全球牧草需求量最大的区域,美国苜蓿干草最大的出口市场就是亚洲,美国依靠海运通过东西海岸线的港口分别向东亚和西亚供草。美国牧草出口业善于利用工业品返程海运运费低的特点,形成了美国苜蓿出口的物流价格优势,从美国到中国东部港口的运费价格甚至低于中国国内运输成本。这种利用返程物流的模式同样适合中欧班列。利用中欧班列的返程优势开展粮食、牧草及其他粗饲料陆上铁路运输完全可行。班列的运行,有助于欧洲传统畜牧业大国干草市场输出能力的提升及输出半径的扩大,彻底打破牧草无法走出欧洲的局面,意大利和西班牙两个苜蓿出口大国更能借此机会扩大中国市场的影响力,缩短欧洲牧草到达各大需草国的运输时间。甚至在未来,中欧班列也可以大大缩短欧洲牧草运输到海湾国家的时间;班列经过的"一带一路"合作国家中,有大量的牧草出口国和牧草进口国,班列一方面促进出口国牧草输出能力,另一方面可形成保障沿途国家牧草供应的能力。

在讨论中欧班列的运费时,大多数人认为成本过高,离开补贴模式寸步难行,但他们忽略了从我国东南沿海的港口运输到内陆地区的物流成本更高,而且根本无法使用铁路运输,只能使用成本更高的汽车长途运输,在国际油价维持高位的今天,中欧班列绝对是欧亚牧草进入我国"三北一南"畜牧业养殖带的最佳选择。西北、华北、东北、西南等内陆地区,凭借"一带一路"合作变成了我国内陆门户的最前沿,中欧班列的运费优势得以体现。如果这样计算,传统海运加国内陆运的优势并不明显,且中欧班列效率更高、时效更快,更适合当前电子商务的快速发展。

2018 年中美贸易摩擦为中欧班列提供了难得的发展机遇。中欧班列和传统海运共同形成了"一带一路"东西互补的运输格局,东南沿海地区借助海运与太平洋国家、美洲国家及非洲国家开展贸易往来,中西部地区借助中欧班列与亚欧国家重走丝绸之路。今日我国"一带一路"陆上经济带的建设对我国西部地区经济发展的贡献可能会超过美国当年的"西进运动"对美国西部经济发展做出的贡献,相信也会带动我国西部各省(区、市)快速发展。苜蓿只是一个个案,涉及粮食安全的一切商品都可借助中欧班列的返程优势进入我国。

7.4　基于"一带一路"的共赢牧草贸易

产业链是一个包括生产、加工、收购、销售等各环节在内的复杂网状结构。产业链主要通过不断提升自身的整体效率使各个链条得到优化和整合,进而形成协同效应,最终实现整体效益最大化。

国际四大粮商获得成功,一方面借助经营金融化,另一方面依靠农业产业链一体化。我国中粮集团的全产业链模式,是中粮集团在总结本企业国内外农业投资经验和四大粮商经验的基础上,提出来的一种农业发展模式。美国个别大型牧草出口企业也具备草全产业链经营的能力,生产、加工、物流、仓储、运输全部涵盖。基于产业链、中粮全产业链模式、美国大型牧草出口企业的案例,结合"供应链金融+保险+期货"模式设计草全产业链交易中心。

草全产业链包括草生产资料、保险、生产、加工、仓储、运输、销售。种植初期由草产品需求方的供应链金融提供涉及生产资料和保险保费的初始支持,确定种植产品、加工标准和合作形式,签订可选择的订单农业合同;保险企业与生产方签订保险协议,确定行权价;到收获季时,供应链金融公司负责收获及草产品加工,保证交付草产品达到期货交割仓库规定标准;借助海运或中欧班列等运输方式配送给购买方。国际共赢草贸易的交易品种、交易平台及交易方式可设计与国内相同或直接共用。境外交割仓建设是初期期货交易中的主要内容。在中欧班列所经过的“一带一路”共建国家建设草仓，既利于当地牧草出口，也有利于牧草进口。如果可以就保税政策合理设计，可在保障共建国家粮食安全过程中发挥重要作用。

两千年前，张骞通过古丝绸之路把伊朗的苜蓿带回中国，苜蓿作为草食动物的重要饲料，开始在国内尤其在河西走廊地区广泛种植。两千年后的今天，中国倡导的“一带一路”经济合作不断深入发展，古老的丝绸之路焕发了新的生机。“一带一路”共建国家多为传统苜蓿种植国，十分有利于开展“供应链金融＋保险＋期货”模式的共赢草贸易。借此契机，中国牧草需求企业有了多元化的饲草保障，中国的保险公司拓展了国际业务，中国的期货市场借助草交易形成地区乃至世界的影响力，进而形成辐射亚洲这个全球最大牧草市场的共赢草贸易交易中心。从供应链金融到保险服务，到期货交易再到仓储运输，全过程使用人民币结算，这也是推行人民币国际化的有利尝试。“供应链金融＋保险＋期货”模式对牧草全产业链布局，逐渐提升我国的“世界牧草话语权”。借助共赢草贸易，让亚欧大陆上的苜蓿真正变成绿色的黄金，不但保障粮食安全，还能带动“一带一路”沿线农民增收。

第八章　结论和政策建议

8.1　主要结论

(1)通过对国内外大宗商品交易、现货交易及期货交易的对比分析,发现期货交易是农产经营金融化和协同化的有效尝试。期货工具的"价格发现"和"套期保值"功能有利于服务草牧业实体经济。

(2)通过对 USDA 各项保险政策及美国多版农业法案整理分析,发现农业保险为美国农民提供保障的同时,也保障美国农产品国际竞争力;通过对 USDA 报告的研究,发现美国 76% 以上的牧草是小型家庭农场生产的;通过对美国从事干草拍卖业务市场的调查研究,发现美国干草国内贸易多采用拍卖交易的方式。

(3)通过对谷仓电梯运行流程和交易模式的分析,找到提高我国农业生产者期货市场参与度的工具。基于草贸易和"保险+期货"交易特点,提出草仓交易模式。

(4)基于对"保险+期货"模式的文献总结、现状研究和案例分析,确定"保险+期货"交易模式是现阶段提高我国农业保障的国际化交易模式。从不同的观点中发现、分析并讨论问题,提出把"保险+期货"交易模式应用于草贸易中的构想。通过草产品期货可行性实证研究,证明我国苜蓿期货开发可行。结合草贸易的特殊性,最终设计了 "供应链金融+保险+期货"交易模式,丰富了草贸易国际化交易模式研究。

(5)通过对日本及海合会国家饲料粮食安全布局经验总结,发现严重依赖美国饲料及草产品进口不利于本国粮食安全。对内需要大力发展草牧业,对外需要鼓励大型饲料及草牧业企业"走出去",利用"一带一路"合作契机形成多样化的共赢贸易,才能保障粮食安全。

(6)利用"供应链金融+保险+期货"模式建立"一带一路"共赢草贸易交易中心,是农业海外投资的有效工具,既有效避免了"新殖民主义"的投资印象,保障我国粮食安全,提高合作国农民收入,又提升我国金融、保险国际影响力,最终形成多方共赢的局面。

8.2　政策建议

(1)建议大连商品交易所、郑州商品交易所进行草产品期货期权可行性研究。

(2)建议渤海商品交易所调研草产品拍卖交易可行性。

(3)建议中国畜牧业协会草业分会组织规模化牧场和保险机构开展草产品供应链金融服务及草牧业保险服务合作交流。

8.3　创新点

(1)总结前人经验和历年中央一号文件,提出将农产品期货交易中的"保险+期货"模式引入到草产品交易中的设想，并提出草产品“供应链金融＋保险＋期货”交易模式。“供应链金融＋保险＋期货”交易模式更强调双方的共赢，相比农业海外直接投资模式，共赢模式更易接受。

(2)提出利用“供应链金融＋保险＋期货”交易模式解决草贸易问题，结合“一带一路”合作建立辐射亚洲的共赢草产品交易中心的构想。

(3)研究美国粮食交易中的谷仓电梯模式，提出草仓交易模式，丰富农民与期货市场间接交易，为农民与期货市场对接提供更多研究方向。

(4)总结海合会主要国家阿联酋和沙特阿拉伯的饲草粮食安全国际布局，为我国粮食安全海外布局寻找经验。

8.4 展　　望

(1)目前全球范围内没有草产品期货合约，本书通过大量的文献经验总结“保险＋期货”的草产品交易模式，该模式目前处于构想阶段，缺少量化支持，今后可通过更多的理论和实践验证此模式的可行性。

(2)草产业发展经验只分析了全球最大草产品出口国——美国的模式，虽然澳大利亚、加拿大、西班牙、意大利等国的草产品市场与美国有巨大差距，但仍有一定的影响力，同样存在研究价值。

(3)本书内容涉及多个专业，跨越多个学科，部分研究存在深度不足的现象。今后可通过咨询各领域的专家，查阅各领域的文件资料，为草贸易模式研究提供更具深度的参考价值。

参考文献

安毅,方蕊,2016. 我国农业价格保险与农产品期货的结合模式和政策建议[J]. 经济纵横 (7):64-69.

巴曙松,2013. 对我国农业保险风险管理创新问题的几点看法[J]. 保险研究 (2):11-17.

白军飞,闵师,仇焕广,2014. 人口老龄化对我国肉类消费的影响[J]. 中国软科学 (11):17-26.

蔡胜勋,秦敏花,2017. 我国农业保险与农产品期货市场的连接机制研究——以"保险+期货"为例[J]. 农业现代化研究(3):510-518.

曹婷婷,葛永波,2018. 中国金融扶贫的创新举措——以苹果"保险+期货+银行"为例[J]. 金融理论与实践(12):90-96.

钞贺森,田旭,于晓华,2017. 肉类消费结构、饲料安全和粮食安全——农业"供给侧改革"的一个参照系[J]. 农业现代化研究,38(5):737-745.

陈波,2008. 农产品价格风险及其规避研究[D]. 长沙:湖南农业大学.

陈建华,2008. 农产品交易方式研究[D]. 南宁:广西大学.

陈杰,2009. 试析阿拉伯粮食安全问题[J]. 阿拉伯世界研究 (2):61-68.

陈琼,王济民,2013. 我国肉类消费现状与未来发展趋势[J]. 中国食物与营养,19(6):43-47.

陈维嘉,2017. 白糖、豆粕期权与期货套保对比[N]. 期货日报,2017-1-25(3).

迟子茗,2018."保险+期货"模式助力蛋鸡养殖业发展问题研究[J]. 北方经贸,408(11):109-111.

崔姹,王明利,2016. 中国肉类消费发展分析及未来展望[J]. 农业展望(10):74-80.

丁丽媛,2018. 中美贸易战下的中欧班列[J]. 铁路采购与物流,13(10):2.

杜鹏,2011. 农户农业保险需求的影响因素研究——基于湖北省五县市 342 户农户的调查[J]. 农业经济问题(11):78-83.

冯兵,2014. 草市:隋唐五代乡村市镇化的历史典型[J]. 深圳大学学报(人文社会科学版)(5):146-152.

扶玉枝,2012. 农业合作社效率研究[D]. 杭州:浙江大学.

高奇,程广燕,2016. 城镇居民肉类消费特征及发展趋势分析[J]. 中国食物与营养,22(8):45-48.

葛永波,曹婷婷,2017. 农产品价格风险管理新模式探析——基于棉花"保险+期货"的案例分析[J]. 价格理论与实践,400(10):119-121.

郭蕙荞,2016."保险+期货"创新项目对我国农业保险发展的影响分析[J]. 现代经济信息 (20):365.

郭永奇,2018. 美国农业合作社的历史演变及经验启示[J]. 世界农业,472(8):27-32.

何唐凝,2018. 大宗商品交易场外现货市场的模式创新研究[D]. 杭州:浙江大学.

胡锡骥,1998. 亚洲国家肉类生产和消费[J]. 世界农业 (5):13-15.

胡新艳,2009. 合同农业产生的交易成本经济学机理[J]. 财贸研究,20(6):29-35.

姜小鱼,陈秧分,2018. 中国农业对外投资的研究进展与展望[J]. 世界农业,468(4):6-11,18.

李北新,2017. "保险+期货"构建农产品价格风险管理新模式[J]. 当代金融家 (2):4.

李洪军,王薇,1998. 中国肉类生产现状及市场需求预测[J]. 肉类工业 (7):9-12.

李宁,张瑞荣,2013. 内蒙古地区城镇居民肉类消费需求研究[J]. 财经理论研究(4):59-65.

李睿恒,2017. 海外农场:阿联酋的粮食依靠? [J]. 世界知识 (7):46-47.

李维薇,黄涛,陈会敏,2017. 以推进农业供给侧结构性改革为契机加快发展现代草牧业[J]. 草学(2):1-4.

李旭，李雪，宋宝辉，2018. 美国农业合作社发展的特点经验及启示[J]. 农业经济，379(11)：11-13.

李洋，2011. 海湾国家瞄准海外资源发展农业[J]. 农经(11)：77-78.

林笑，2016.“保险＋期货”：创新模式影响几何？[J]. 农经 (6)：51-54.

刘大集，2004. 中国农产品批发市场发展模式研究[D]. 武汉：华中农业大学.

刘晶，2005. 我国农产品价格风险及其管理研究[D]. 泰安：山东农业大学.

刘乃郗，韩一军，刘邦凡，2018. 逆全球化背景下中国农业海外投资风险与对策[J]. 哈尔滨工业大学学报(社会科学版)(1)：127-132.

刘亚钊，王明利，2018a. 世界草产品贸易格局现状和发展趋势分析[J]. 草业科学，35(8)：2031-2038.

刘亚钊，王明利，蒋年华，2018b. 中国草产品贸易格局和发展趋势分析[J]. 草业科学，35(11)：2765-2772.

刘岩，2008. 中美农户对期货市场利用程度的比较与分析[J]. 财经问题研究(5)：59-66.

刘永斌，1994. 以粮换肉与以草换肉——关于调整我国肉类消费结构的思考[J]. 中国食品信息 (7)：9.

马斌，2018. 中欧班列的发展现状、问题与应对[J]. 国际问题研究，188(6)：72-86.

马骏川，2015. 我国推广特色农产品价格指数保险可行性研究[D]. 济南：山东大学.

牟发松，1989. 唐代草市略论——以长江中游地区为重点[J]. 中国经济史研究(4)：37-50.

潘耀国，2004. 中国肉类消费的现状和未来[J]. 中国食品工业 (12)：18-19.

潘耀国，2009. 60 年中国人肉类“消费”增长了 10 倍——中国人的肉类消费习惯[J]. 饲料广角，323(20)：15-17.

彭超，杨久栋，2018. 2018 年中国新型农业经营主体发展分析报告(二)[N]. 农民日报，2018-02-23(4).

邱吉福，何世鼎，2017. 国内外大宗商品交易所发展现状分析[J]. 海峡科学(10)：52-54.

任继周，2004. 草地农业生态系统通论[M]. 合肥：安徽教育出版社.

申艳玲，2008. 国际贸易理论与实务[M]. 北京：清华大学出版社.

石自忠，王明利，胡向东，2017. 我国牧草种植成本收益变化与比较[J]. 草业科学 (4)：242-251.

石自忠，王明利，刘亚钊，2018. 我国牧草产业国际竞争力分析[J]. 草业科学，35(10)：2530-2539.

石自忠，王明利，刘亚钊，2019. 逆全球化背景下我国牧草产业发展的战略选择[J]. 中国农业科技导报，21(2)：1-8.

苏玉峰，2016. 中国农产品期货市场发展与问题研究[J]. 改革与战略(3)：55-57.

孙清清，白涌泉，2018.“保险＋期货”开创“三农”风控时代[J]. 农村农业农民(B 版)，494(10)：14-15.

孙蓉，李亚茹，2016. 农产品期货价格保险及其在国家粮食安全中的保障功效[J]. 农村经济 (6)：89-94.

孙玉奎，杨阳，2018. “保险＋期货”助力乡村振兴——“新湖人保辽宁玉米项目”案例研究[J]. 武汉金融，226(10)：87-90.

唐为民，2002. 美国的现代化粮食流通[J]. 粮油仓储科技通讯 (6)：39-42.

田辉，2016. 我国发展农产品价格保险的难点及原则[J]. 经济纵横，367(6)：62-69.

万俊毅，曾丽军，陈冰淋，2016. 合同农业发展的美国经验[J]. 世界农业 (11)：6.

王炳童，2017. 污染密集型肉类消费结构的影响因素研究[D]. 杭州：浙江工商大学.

王菲，2017. 保险期货大有可为[N]. 上海金融报，2017-10-24(B16).

王姣，2015. 点价模式大有可为[N]. 中国证券报，2015-4-20(A08).

王克，张峭，Kimura S，2014. 我国种植业保险的实施效果：基于 5 省份 574 个农户数据的模拟分析[J]. 保险研究 (11)：42-55.

王明利，2012. 中国牧草产业经济 2011[M]. 北京：中国农业出版社.

王明利，2013. 中国牧草产业经济 2012[M]. 北京：中国农业出版社.

王明利，2014. 中国牧草产业经济 2013[M]. 北京：中国农业出版社.

王明利，2015. 中国牧草产业经济 2014[M]. 北京：中国农业出版社.

王明利，2017. 中国牧草产业经济 2015[M]. 北京：中国农业出版社.

王明利,2018.中国牧草产业经济 2016[M].北京:中国农业出版社.

王群,2015. 基于电商平台的大宗农产品流通模式研究[D]. 蚌埠:安徽财经大学.

汪武静,王明利,吕官旺,2016. 美国苜蓿贸易——趋势、经验与启示[J]. 草业科学,33(3):527-534.

王亚宾,2017. “保险+期货”模式服务农业发展研究[D]. 郑州:河南大学.

王玉刚,余方平,2016. 推广农业“保险+期货”试点落实农村金融改革政策[J]. 吉林农业 (10):52.

魏振祥,2017. 商品期货产品设计 [M]. 北京:机械工业出版社.

吴天龙,习银生,朱增勇,2017. 我国“南猪北上”可借鉴美国玉米带生猪养殖做法[J]. 农村工作通讯 (21):63-64.

吴婉茹,陈盛伟,2017. “农产品价格保险+期货”运作机制分析——基于对新湖瑞丰等案例的研究[J]. 金融教育研究 (1):64-70.

习近平,2015. 弘扬万隆精神 推进合作共赢[N]. 人民日报,2015-4-23(2).

夏益国,黄丽,傅佳,2015. 美国生猪毛利保险运行机制及启示[J]. 价格理论与实践 (7):43-45.

杨春,王明利,刘亚钊,2011. 中国的苜蓿草贸易——历史变迁、未来趋势与对策建议[J]. 草业科学,28(9):1711-1717.

杨军,仇焕广,董婉璐,2015. 2014 年国内外玉米市场分析及 2015 年展望[J]. 农业展望,11(3):10-14.

杨霞,张伟民,金文成,2016. “十二五”时期农民专业合作社发展情况统计分析[J]. 农村经营管理 (6):17.

杨兴锐,齐二娜,2019. 我国农业对外投资区位选择及应对策略[J]. 农业经济(3):46-48.

叶明华,2015. 农产品目标价格保险的政策定位与发展策略[J]. 中州学刊 (12):5.

叶明华,庹国柱,2016. 农业保险与农产品期货[J]. 中国金融 (8):64-66.

于晓华,Bruemmer B,钟甫宁,2012. 如何保障中国粮食安全[J]. 农业技术经济(2):4-8.

张富,2016. 肉类生产消费特点及趋势[J]. 兽医导刊,249(11):6-7.

张金柱,史育才,王岚,1986. 就猪肉食品的消费结构变化看肉类加工的发展方向[J]. 肉类工业(11):9-12.

张峭,2016. 基于期货市场的农产品价格保险产品设计与风险分散[J]. 农业展望 (4):64-80.

张峭,汪必旺,王克,2015. 我国生猪价格保险可行性分析与方案设计要点[J]. 保险研究 (1):54-61.

张秀青,2015. 美国农业保险实践及其与期货市场的对接[J]. 中国保险 (7):60-64.

张智敏,2013. 中国农产品期货市场效率研究[D]. 青岛:中国海洋大学.

赵新慧,2016. 浅谈我国农产品期货价格保险的创新问题[J]. 全国流通经济 (6):84-85.

周宝珠,1998. 试论草市在宋代城市经济发展中的作用[J]. 史学月刊(2):80-88.

朱行,李丰,2010. 美国农业合同发展现状及启示[J]. 粮食流通技术 (3):42-45.

朱丕荣,1998. 外国人看我国粮食供需与肉类消费水平[J]. 中国牧业通讯 (4):37.

朱文博,陈永福,2018. 世界和中国肉类消费及展望[J]. 农业展望,14(03):98-109.

宗禾,2019. 中国农业再保险公司将组建“三农”保障有望再创新[J]. 农村农业农民(A 版)(3):1.

BRAGA F,1997. Over-the-Counter Derivatives and Price Management in a Post-Tri Partite Environment:The Case of Cattle and Hogs [J]. Canadian Journal of Agricultural Economics,44(4):207-223.

CHAD H,BRUCE B,DERMOT H,2001. Livestock Revenue Insurance[J]. The Journal of Futures Markets,21(6):553-580.

COBLE K H,ZUNIGA H M,2000. Implications of Crop Yield and Revenue Insurance for Producer Hedging [J]. Journal of Agricultural and Resource Economics,25(2):432-452.

DHUYVETTER K C,KASTENS T,1999. Linkages Between Crop Insurance and Pre-Harvest Hedging[J]. Journal of Agricultural and Applied Economics,31(1),41-56.

GRAY A W,RICHARDSON J W,MCCLASKEY J,1995. Farm-Level Impacts of Revenue Assurance[J]. Review of Agricultural Economics,17(2):171-183.

ISAKSON S R,2015. Small Farmer Vulnerability and Climate Risk:Index Insurance as a Financial Fix. [J]

Canadian Food Studies,2(2):267-277.

KARLAN D,KUTSOATI E,MCMILLAN M,et al,2011. Crop price indemnified loans for farmers:A pilot experiment in rural Ghana[J]. Journal of Risk and Insurance,78(1):37-55.

MAHUL O,2002. Hedging Price Risk in the Presence of Crop Yield and Revenue Insurance [J]. Zaragoza (Spain)(8):28-31.

SATORU S,2015. Sustainable meat consumption in China[J]. Journal of Integrative Agriculture,14(6):1023-1032.

SKEES J R.,HARWOOD J,SOMWARU A,et al,1998. The Potential for Revenue Insurance Policies in the South[J]. Journal of Agricultural and Applied Economics,30(1):47-61.

ZHOU Z Y,TIAN W M,MALCOLM B,2008. Supply and demand estimates for feed grains in China[J]. Agricultural Economic,39(1):111-122.